朝日新聞の中国侵略

山本武利

朝日新聞の中国侵略

目次

一　朝日新聞社の「汚点」

戦争責任が集約的に現れる『大陸新報』

朝日新聞社は創刊111周年の1990年（平成2年）から浩瀚な4巻本の『朝日新聞社史』（以下『社史』）を公刊した。現在にいたるもこれが一番新しい社史である。当時の中江利忠社長はその「序」のなかで、朝日は「公平無私」や「不偏不党」の編集方針で言論の自由を貫き、真実の報道と進歩的な評論を展開して来たが、この長い111年の歴史の中には「残念ながら、太平洋戦争の一時期などのように、この創刊以来の伝統が守り切れなかったり、逸脱して大きな汚点を残したりした事実も、消すことができません」と述べている。

『社史』のなかでは「大正・昭和戦前編」の巻が近現代史の中での朝日の評価を自ら問うものとなっている。最有力紙として日本の開戦に賛成し、国民を戦争に駆り立て、国内外の多くの人命や財産をなくし、外国による占領という不名誉な事態を導いた責任は言論機関として厳しく自己評価しなければならない。

自らの戦争責任については、すでに朝日は従来の社史でかなり率直に分析し、反省の姿勢を示している。4巻本『社史』においても、その姿勢は殊勝にも貫かれている。各時点の自社の行動について、それまで以上に新しい資料が公開され、分析にも一見踏み込みがなされている。

しかし社長が「序」で言っている「汚点」を抉り出し、「過ちは過ちとして包み隠さず記述」しているだろうか。本書ではこのB5判、2段組み700ページになんなんとする「大正・昭和戦前編」を論じ尽くすことは出来ない。そこで、この巻の「昭和戦前編」の第9章「総力戦に協力」にある第5節「南方と大陸の新聞経営」の末尾の実質1ページの箇所のみを取り上げてみたい。この部分にこそ、朝日新聞社が「汚点」を抉り出すことを躊躇し、わずかに触れるだけでやり過ごせると考えた「戦争責任」の問題が集約的に現れていると、著者は考えている。1942年秋から日本軍の占領地で『ジャワ新聞』、『香港日報』などを軍当局の委託を受けて経営していたことは、朝日のどの社史でも触れているが、本書が対象とする「大陸新報と新申《しんしん》報《ぼう》」についてはこの『社史』で初登場したものである。そこでまずその全文を引用しておく。

昭和十四年元日創刊の「大陸新報」は、華中における日本の国策新聞で、陸軍、海軍、外務三省と興亜院の後援で設立、本社を上海においた。朝日から相当の人員が大陸新報に転じた。これは朝日が軍から委託されて経営したのではなく、朝日が新聞経営に協力したのであった。その点で、ジャワ新聞などとは発足のときから性格を異にしていた。朝日はアール・ホー高速輪転機二台とオートプレート一台を貸与した。また、大陸新報社は、現地軍報道部が発行していた華字紙「新申報」を合併して姉妹紙とした。
「大陸新報」設立時の事情について、美土路昌一（当時、朝日新聞常務取締役・東京本社編輯局長）の話は要旨つぎのとおりである。

昭和十二年末の南京占領の後と思う。陸軍の影佐軍務課長が朝日新聞社に来て、「軍の考えで上海で新聞を出したいが、朝日でやってくれんか」といったが、断った。その後福家俊一が甘粕正彦の使いで来て「海軍も一緒で宣撫工作として新聞を出したい」という。「それでは、朝日は関係はしないが、新聞を出す手伝いをしよう」といった。私が「そもそも新聞は自主的なものでなくてはいかん。御用新聞は現に上海でも北京でも役に立っておらぬではないか。軍の悪いことは悪いと書かなければ本当の役には立たない」といったら、影佐も海軍の岡軍務局第一課長も「それで結構だ」といった。そうして、朝日が手伝いをすることになったわけだ。福家を社長にしたら飛上って喜んだ。……そんな風で〝自主民営〟を創立方針として出発したわけだが、あのような時勢でもあり、必ずしもその通りにはゆかなかった。そのうち福家をやめさせて副社長の尾坂与市（朝日出身）を社長にした。尾坂君は立派な男だった。上海でも大分軍にたてついたそうだ。終戦後もみんなを帰して一番あとまで残った。（625―626頁）

終戦の八月十五日の午後、武漢の「大陸新報」は徹底抗戦の社説を書き、軍報道部へゲラを提出した。報道部はやめるよう説得につとめたが、支社長（朝日出身ではない）は「命がけで書いたのだ」と応ぜず、けっきょく軍としては「検閲不許可」にしてしまった。十六日の社説は空白のままであった。

以上が南方および中国での朝日関係の新聞であったが、戦後、美土路は、「私は戦時中の御用新聞発行には反対だった。しかし当時、私にはそのことで相談もなかった。相談しても賛成すまいということだったろう。村山、緒方、石井君らで決定していたようだ。それは日本が勝ち、南方地域が日本の勢力範囲に入れば、ますます朝日新聞が発展することになる、部数がふえるという感覚であったのだろう。大陸新報は私が関係したが、これは別で意味が違うと思う」と語っている。

煩をいとわず、全文を引用したのは、『社史』とその記述のもとになったと思われる『社史』より二十年前につくられた社内資料の文章を比較してみたいからである。

朝日新聞社史編修室編『本社の南方諸新聞経営——新聞非常措置と協力紙』（1970年）というタイプ印刷460ページの社内資料がある。筆者が古書店から入手したもので、そこには次のような証言の記載があった。一つ目と三つ目は美土《みと》路昌一《ろしょういち》の証言、二つ目の終戦時の武漢の様子は陸軍情報将校の証言である。『社史』では何が削られたか、わかりやすいように、入手した資料にはあって『社史』にない部分はゴシックにしてみた。

南京占領（昭和十二年十二月**十三日**）のあとであったと思う。陸軍の軍務課長影佐**禎昭**が本社に来て「軍の考えとして上海で新聞を出したいが、朝日でやってくれんか」と言った。**私は「御用新聞をつくるのはきらいだ。ほかへ持っていけ」と言った。**そのうちに福家俊一が**例の**甘粕正彦の使いでやってきて「**陸軍だけじゃなく**海軍も一緒で宣撫工作として新聞を出したい」という。私は「それでは、朝日は、関係はしないが、新聞を出す手伝いをしよう」といった。私（**美土路**）が「そもそも新聞は自主的なものでなくてはいかん。御用新聞

影佐禎昭

甘粕正彦

は上海でも北京でも現に役に立っておらぬではないか。自主的なやり方で、軍の悪いことは悪いと書くのでなければほんとうに役に立たない」と言ったら影佐も海軍の軍務局第一課長岡敬純も「それで結構だ」といった。そうして朝日が手伝いをすることになったわけだ。そこで「上海日報」の権利を買い、印刷機と紙は福家俊一がさがすことになったが、中国人の新聞に良い輪転機があり、紙も軍が調達した。新聞の首脳には尾坂与市をあとで副社長として出した。尾坂君は「こちらが自主的にやるのなら行きましょう」と言った。報知から来た赤松直昌が専務として営業を担当した。木下君のあと「社長は福家でいいじゃないか」といったら飛上って喜んだ。甘粕も非常に喜んだそうだ。

ここで福家のことを話すと当時、朝日新聞は北京、京城、バンコックへの訪問飛行を計画し軍を説得していた。ところがバンコック訪問が、軍の了解が得られず難航していた。ところが、そのときシンガポールにいた青木真特派員から私に「バンコック訪問飛行の了解が得られたが、これには福家俊一が軍に説いて尽力してくれた」と言ってきた。私はそののち彼に会った。二十才そこそこで大言壮語する男だった。彼は満洲グループ（東条英機、星野直樹、岸信介、甘粕正彦など）のメッセンジャーボーイだった。

そんな風で〝自主民営〟を創立方針として出発したわけだが、あのような時勢でもあり、必ずしもその通りにはゆかなかった。そのうちに福家が公私混同してメチャメチャをやるので、彼をやめさせて尾坂を社長にした。福家は帰国して代議士に立候補した。尾坂君は立派な男だった。上海でも大分軍にたてついたそうだ。終戦後もみんなを帰して一番しまいまで残った。

「終戦の八月十五日の午後、軍の報道部へ連絡に行った処、報道部長代理の高尾大尉は心労で寝込んでおり『武漢大陸新報があすの社説に徹底抗戦を書き、そのゲラを廻して来た。電話でやめるよう言ったが聞かない。大陸新報へ行って説得してくれ』といったので大陸新報へ行った。現地軍としては十一日午後にポツダム宣言受諾を知り、それ以来軍人と在留邦人を無事に、早く帰国させることを第一に考えていた時であり、私は『天皇陛下の命令が出たのだから』と支社長を強く説得したが、どうしてもその社説を載せる、命を懸けて書いたのだと頑張る。私はやむなく電話で参謀と相談、その社説は「検閲不許可だ」と言渡して帰った。しかし支社長はその社説を書替ず、十六日付社説欄は空白のままだった。その支社長は名前は忘れたが、朝日の人ではなかった。」（当時漢口警備司令部付情報将校中尉・上西鵬一談）

「私は、戦時中の御用新聞発行には反対だった。**ジャワ新聞、ボルネオ新聞、香港日報などである。**しかし当時、私にはそのことで相談もなかった。相談しても賛成すまいということだったろう。村山、緒方、石井君らで決定していたようだ。それは日本が勝ち南方地域が日本の勢力範囲に入れば、ますます朝日新聞が発展することになる。部数がふえるという感覚であったのだろう。大陸新報は私が関係したが、これは別で意味がちがうと思う。」（当時常務美土路昌一の話）

不都合な事実を意図的に削除

以上を比較して、如何であろうか。筆者が一番問題にしたいのは、『社史』には談話の「要旨」を引用したとあるが、美土路自身や朝日にとって不都合な事実が意図的に『社史』の執筆者によって削除されていることである。大杉栄虐殺事件で悪名高い甘粕正彦《あまかすまさひこ》など美土路のいう「満洲グループ」が『大陸新報』創刊の背後にいて、満州浪人で若輩の福家俊一《ふけしゅんいち》を動かしていたこと、とくに甘粕が社長人事にまで関与していること、社長になった福家にそれ以前から朝日や美土路がバンコック訪問飛行で借りがあったことなどである。また『社史』では福家の社長就任を朝日が主導したとあるが、実際は軍側と朝日の創刊前の話し合いで決まっていた。これではとても中江社長の言う「包み隠さず記述」とは言えないのではないか。

さらに軍の命令で朝日が戦時中に発行した『ジャワ新聞』などは御用新聞で、『大陸新報』などは「これは別で意味がちがう」というのは意味が取りにくい。大陸新報社発行の四紙、一雑誌は長くて6年10ヵ月の期間、上海を中心とした華中で発行された小規模のジャーナリズムであるが、それでも『ジャワ新聞』などよりも発行期間は倍以上である。また「五　なぜ朝日が『大陸新報』に足を突っ込んだのか」で説明するように、陣中新聞そのものにすぎなかった『ジャワ新聞』よりも本土の『朝日新聞』に近い紙面と読者をもつ一般新聞に近かった。したがって『大陸新報』は朝日新聞社全体の戦中でのジャーナリズム活動の本質を象徴的に示している事例に他ならないのではないか。

1939年（昭和14年）の『大陸新報』の創刊から敗戦までを各種の資料や関係者の証言で把握し、事実を確かめていきたい。

二　『大陸新報』の創刊

上海での日本語新聞

『大陸新報』は1939年（昭和14年）1月1日に上海で創刊された。当時、上海は満州を除く中国の都市の中では日本人の居留民が多かった。日本人は5万8千人で、第2位の北京の4万6千人を引き離していた。居留民のみならず、上海周辺には日本軍の軍人、軍属が多数常駐していた。中国語のリテラシーの低いかれら居留民、軍人は日本の情報を日本語新聞に求めていた。そのため大小の日本語新聞が上海に育っていた。すでに1890年に週刊の『上海新報』が生まれ、1904年には日刊の『上海日報』が誕生した。第一次大戦前後には『上海日日新聞』や『上海経済日報』（のちに『上海毎日新聞』）が創刊された。1930年代になると、従来の中小の商人、旅館・遊興飲食店経営者、従業員などに加え、会社員、銀行員、商社員、役人などの日本人がこの国際都市に渡ってきた。共同租界を中心に日本人居住地域は上海事変以降膨張した。

1937年夏の第二次上海事変までは『上海毎日新聞』、『上海日報』、『上海日日新聞』の三大紙が市内で鼎立《ていりつ》していた。ところが蔣介石の国民党軍との戦闘の中で、日本軍は三紙の合併を促し、1937年11月『上海合同新聞』の一紙となる。停戦後の1938年1月にはまた三紙それぞれが復刊した。しかし経営難と軍部の働きかけで、『上海日日新聞』が軍資金で買収され、華字の『新申報《しんしんぽう》』となった。これはまさに美土路のいう軍の御用紙であったし、有料読者は僅少であった。しかも日本語の軍御用紙は他には見当たらなかった。『上海日報』を買収し、改題した『大陸新報』が軍ばかりか政府も絡んだ日本の国策新聞そのものとなった。「創刊の辞」には、上海の日本語新聞の中で最古の歴史をもち、広く各方面に信用を博していた『上海日報』が社長波多博の「没我的犠牲心」によって譲渡されたことに感謝の気持ちを表している。波多は後述の影佐《かげさ》禎昭《さだあき》の「梅機関」における民間側顧問の一人である。『大陸新報』創刊前に『上海日日』は廃刊した。『上海毎日』は上海の地方紙になった。

『大陸新報』創刊号の偉観

創刊号の第1面を見ると、内閣総理大臣近衛文麿、陸軍大臣板垣征四郎、海軍大臣米内光政、外務大臣有田八郎の「発刊を祝す」が写真入りで大きく掲載されている。第2面トップには天皇・皇后の「御近影」がある。『社史』がいうように、陸海軍、外務省肝いりの日本の「国策新聞」であることが、この紙面構成から見て取れる。

第1面の「創刊の辞」によれば、「容共抗日政権」つまり蔣介石の国民党政権の運命は「防共戦線」への日本帝国の参戦によってもはや崩壊寸前にある。「日、満、支三国の真の融和提携」という日本の大陸政策こそが「亜細亜の全域に永遠の平和と繁栄」をもたらす。この大陸政策の成否がまさに帝国百年の運命を決する。そこでこの国策に沿って『大陸新報』が創刊された。そもそも上海の地は支那の心臓部に位置する要衝である。過去一世紀、白人諸国は全て

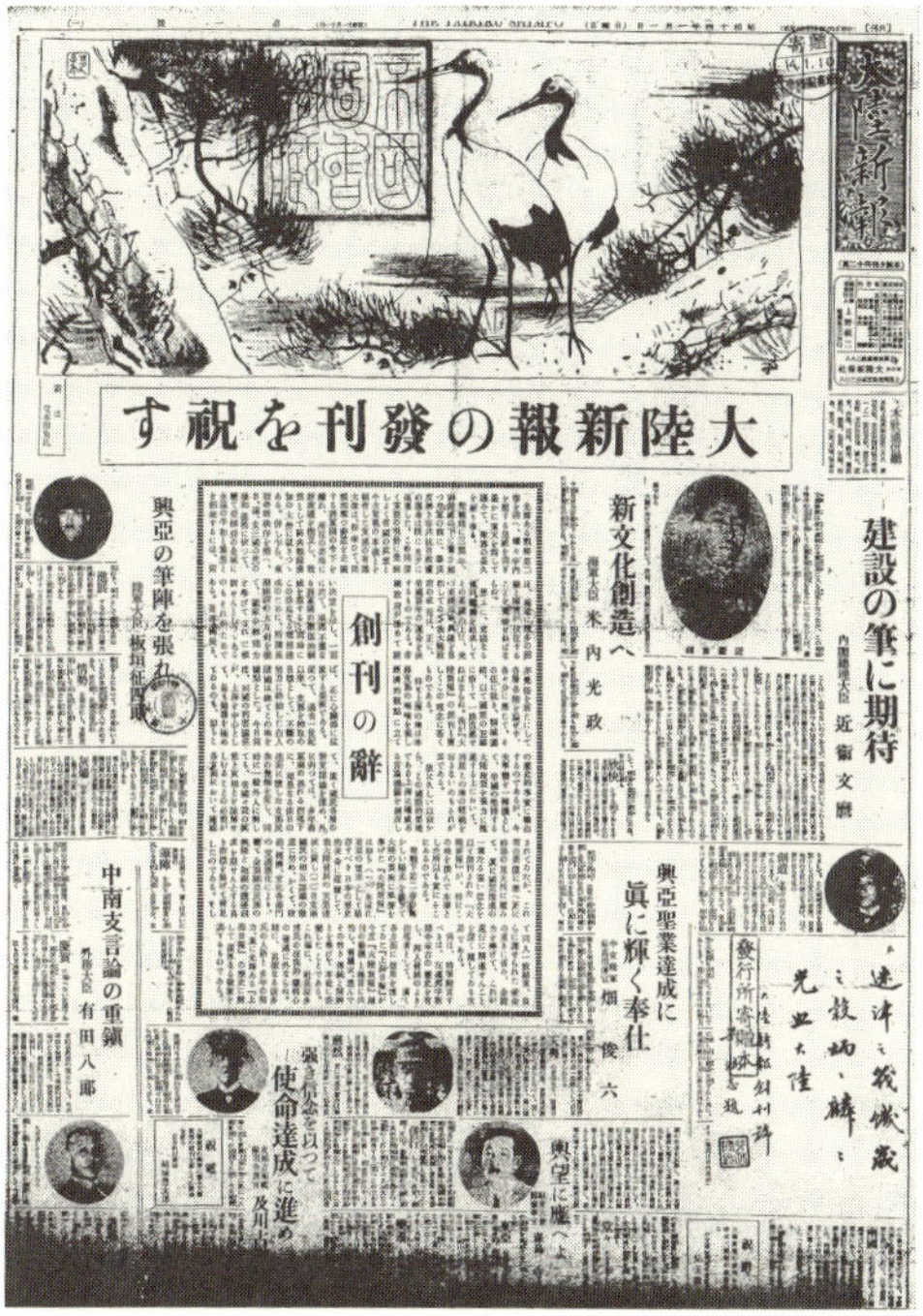

大陸新報

大陸新報の發刊を祝す

建設の筆に期待
近衛文麿

新文化創造へ
米内光政

創刊の辭

興亞の筆陣を張れ
板垣征四郎

中南支言論の重鎭
有田八郎

興亞聖業達成に
眞に輝く奉仕
畑俊六

使命達成に進め
及川

『大陸新報』創刊号（昭和14年1月1日）

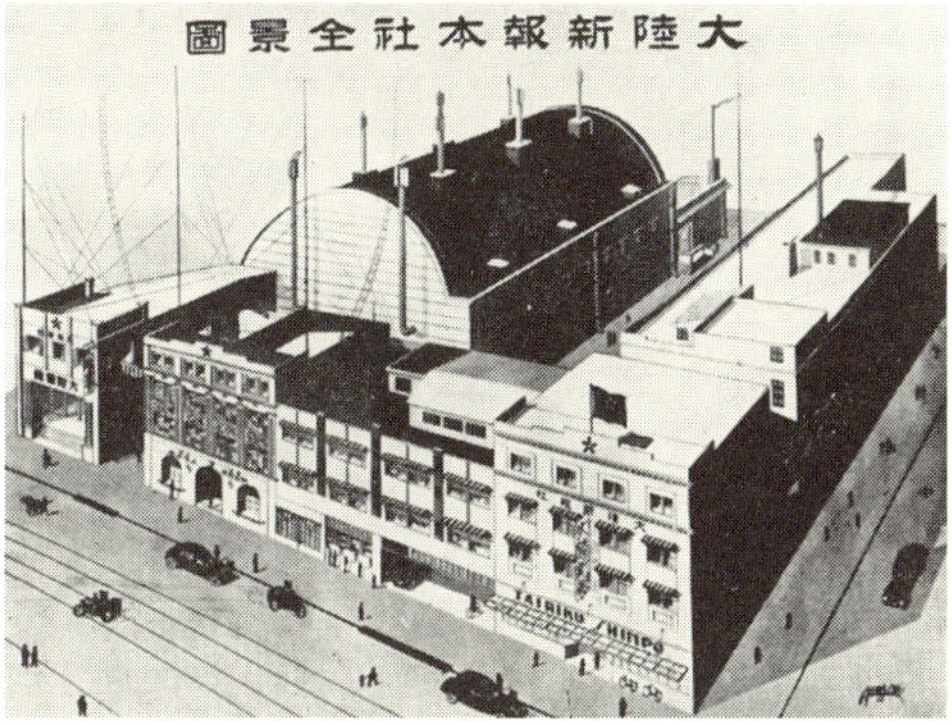

大陸新報本社全景図

この地を拠点として支那を搾取してきた、という。

久しい以前から、この国際的要地である上海に権威ある言論機関を創設して、広く国民各層の対支認識を深め、外に向つては、多年蔣軍閥の誤れる指導下に、頑愚なる排日の迷妄に堕した支那民衆の覚醒を促し、同時に一般外人に対しても、帝国々策の真意と実相とを諒解せしむることの必要が各方面において痛感されてゐたが、これ等の要望に応へ更に時局の重大性に鑑みて、真に国策推進の一翼たる強い信念を以て創刊された『大陸新報』が、特にこの地を撰んで本拠とした所以も実にそこにあるのである。（創刊の辞）

ここでも『大陸新報』は華中の要衝の上海に創刊された日本帝国の「国策新聞」であることが強調されている。板垣陸相はその祝辞のなかで、「日本の新聞であると同時に中国民衆の新聞であるとの自覚と雄大なる意図」をもって、新支那を建設し、日満支の関係を強化する気運を醸成せよとの檄を飛ばしている。『大陸新報』が日本人だけでなく中国人の読者に支持され、愛読される新聞になることを板垣陸相は希望していることに注意したい。

月額二万五千円の補助金

陸軍省情報部は中支派遣軍参謀長に1938年11月3日付けで暗号電報「上海ニ新ニ邦字新聞ヲ設立スル件」（粟屋憲太郎、茶谷誠一編『日中戦争　対中国情報戦資料』第2巻、31—32頁）を送り、その中で上海に新たに日本語新聞を設立するとした。

イ、本新聞設立後適当ノ時機迄、概ネ月額二万五千円以内ノ補助ヲ与フ
ロ、前号ノ補助ハ之ヲ対支院ノ予算ニテ支弁スル如ク措置スルモノトシ、対支院設立迄ハ暫定措置トシテ陸海外三省ニ於テ之ヲ支出ス。三省ノ支出ニ関シテハ別ニ定ム

この電報では、費用は対支院（興亜院の前身）が支払うが、それが発足するまでは、陸軍、海軍、外務省が分担することになったと伝えている。三省間での設立決定から創刊までは二ヵ月の短期間であったが、1939年1月に何とか発刊にこぎつけた。

吉本貞一中支那軍参謀長から山脇正隆陸軍次官への電報（「大陸新報補助金ニ関スル件」同年3月29日付け、C04120819900）で、「月々陸軍壱万円海軍壱万円外務五千円ヲ補助金トシテ交付シ経営セシメアリ目下ノ経営ハ創設尚日浅ク新聞ノ販路開拓困難ニシテ施設人員拡充ヲ要スルモノ多ク尚当分ハ補助金ヲ要スル情況ナリ」とある。

補助金の継続は大陸新報社の基盤形成には不可欠であるため、興亜院からまとめて二万五千円を支出させるべきとの吉本の意見は採用され、少なくとも年末までは援助が継続されたと思われる。

三　なぜ軍部が上海で新聞を発行しようとしたのか

満州事変まではプロパガンダに無関心

近代日本において、新聞はメディアの中で抜きん出て大きな位置を占めていた。1919年に時の原敬内閣の田中義一陸軍大臣が陸軍の国民へのPR担当係を創設した際、その名称を「陸軍省新聞班」としたが、違和感はなかった。陸軍省新聞班の発足は、新聞を媒介にした陸軍の国民へのPRの姿勢を示すデモクラシー期と軍縮時代の象徴であった。

この頃の「新聞操縦」とは記者クラブでの有力紙への優先的な情報提供や有力記者への接近にウェイトがかかっていた。後の武力と権力を笠に着た新聞統廃合とか、発行禁止とか、あるいは記者逮捕といった居丈高な姿勢を陸軍はまだ示さなかった。それどころか陸軍がソフトな姿勢に終始したことは、1929年に新聞班に入った樋口季一郎（後の参謀本部第二部長）の次のエピソードが示している（樋口季一郎『アッツキスカ　軍司令官の回想録』）。樋口は次席として新聞班に加わったが、「私の任務は果して何であるかさっぱり判らなかった」。発表事項もないので、「各新聞社の陸軍省詰記者諸君」を気の毒に思った。「このような時も時、それはたぶん昭和五年の春季でもあったか。我らの敵（?）『朝日新聞』が、政界人、財界人、自由評論家等々を集め、緒方編集局長主宰の下、陸軍軍縮に関する座談会を開催するというのであった」。樋口はたまたま陸相官邸馬場で馬乗りを楽しんでいる緒方竹虎を見かけた。緒方とは乗馬を通じて以前から面識があった。

「緒方さん、あす陸軍問題に関する貴社の座談会があるそうですが、陸軍から誰か出ますか」と質《ただ》すと、「誰も招待してない」という。「それは少々片手落ちではないか。陸軍を論ずることは自由だが、被告にも発言の機会を与えるべきではないか。しからざればそれは、新聞による欠席裁判であり、新聞の〝ファッシズム〟ということになる」と談じ込んだことを記憶する。しかし彼がその後、この問題をいかに処理したか、私は今記憶していない。

陸軍省軍務局や参謀本部のメディア担当の高級将校でも、有力紙の編集幹部には遠慮した物言いしかできなかったし、新聞社側でも軍の編集方針への介入を許さない雰囲気があったことがわかる。その関係が劇的に変化するのは、満州事変である。朝日新聞は軍部や右翼に「国賊新聞」として攻撃されたり、襲撃されたりするようになった。当時朝日の編集局長であった美土路昌一によれば、右翼運動の激化とともに美土路への圧迫も強くなり、憲兵隊、特高刑事の尾行、張り込みなども大っぴらになった。右翼の嫌がらせ、情報の売り込みや怪文書による悪宣伝も非常に増えた。「身辺の危ないといふような情報や、忠告も屢々《しばしば》耳にした。少しオーバーに聞えるかも知れぬが、この種の情報は前から聞いて居ったので、田中内閣の成立の頃から、何時死に仕度だけはして置いた。それは毎日、腰巻から下のものは全部新らしいものに取替へ、何時殺《や》られても見苦しくないやうに、また死んだ後の死装束として、白絹の着物と袴も新調して置いた」（美土路昌一『余の歩んだ道を思ひ出すまゝに』533頁）。美土路は洋服でなく、着流しの和服で新聞社で働いていたらしい。

内閣情報部と陸軍情報部

二・二六事件の起きた1936年に新聞連合社と日本電報通信社が合併し、国家代表通信社としての同盟通信社が誕生した。この同盟誕生を促したのは外務、陸軍、海軍、文部、内務、逓信の情報関係局によって非公式に1932年に設置されていた情報委員会であった（内川芳美『マス・メディア法政策史研究』）。1936年には官制による内閣情報委員会が設置された。この委員会は各省の連絡調整機関にすぎなかったが、盧溝橋《ろこうきょう》事件（日中戦争）勃発直後の1937年9月に改組、改称され内閣情報部となり、独自の権限を持った情報宣伝機関としての活動をはじめた。

内閣情報部が成立すると、11月に陸軍省新聞班は大本営陸軍報道部に改称され、参謀総長の下に置かれるようになった。さらに1938年9月に陸軍省情報部として陸軍大臣の直轄となった。しかし報道部、情報部での歴代部長名は判明しているが、いずれの時代でも部の内部組織は公表されていない。はっきりしているのは、陸軍の宣伝、報道活動が以前の新聞班時代と同様に実質的に変わりなく継続していて、内閣情報部に移管していないこと、つまり陸軍は内閣情報部を軽視した専横的な行動志向を当初からもっていたのである。

海外の戦地や支配地での陸軍の宣伝、報道活動は参謀本部あるいは陸軍軍務局の管轄下に置かれていた。しかし現地の部隊での独自の裁量による活動が顕著であった。現地軍の宣伝、報道責任者が目的達成のための実権を持ち、方針の樹立、経験の蓄積を行っていたといってよかった。東京の参謀本部では盧溝橋事件において、作戦面で現地指揮者の独断専行を許したように、宣伝活動でも現場を指揮する確固たる方針が確立していなかった。それどころか参謀本部では情報、宣伝を扱う第二部は作戦、戦争指導を行う第一部によって低く見られ情報収集や宣伝活動も軽視されていた。とかく積極果敢型の直観的な指導者が重視され、情報収集と分析を行った後に作戦を起こす思考堅実型の情報マンは排除された（杉田一次『情報なき戦争指導』）。参謀第二部においても国際的視野を持って宣伝やメディア戦略を行える人材がいなかった。

海外への侵略性が強まるのに比例して、軍のメディアへの発言や姿勢が積極的になり、さらには強圧的になった。

上海事変が迫った軍部の租界メディア対策

関東軍のメディア工作は他の軍隊に比して目立たなかった。それは満州事変の終息が早く、満州国樹立謀略の実行期間が短かったこと、他の地域に比べ目立たぬ中国東北部に限定されたものであったこと、比較的に宣伝・宣撫活動が奏功したこと（『宣撫月報』十五年戦争極秘資料集　補巻25の筆者「解説」）などによって、リットン調査団報告提出以降も、国際的に満州は注目されることは少なかった。盧溝橋事件はまもなく第二次上海事変を誘発させた。満州に比べてはるかに目立つ国際都市上海への戦火の拡大で、日本軍の侵略行為は世界から注目され、一斉に非難をあびた。中国人からの抗議も街に氾濫するようになった。１９３４年1月28日の『上海毎日新聞』によれば、「中国宣伝局認可」と書きならべた荒唐無稽の宣伝画報や「日本の中国侵略史」

と題する写真入り書籍が店頭に並んでいたため、日本領事館ではこれらの出版物を詳細に調査した上、中国当局に対して厳重なる抗議取締りを要求した、とある。

しかしメディア戦術、戦略という観点から見ると、上海事変は軍部の宣伝観、メディア認識を満州事変とは比べられないくらいに変革させた。なによりも上海には中国のその他の地域に比べて圧倒的多数の外国人記者が駐在していた。1938年時点では外国人記者は上海に130人、天津、北京に各30人いた（『宣撫月報』1938年12月号）。ところが『大陸新報』が創刊された1939年に支那派遣軍が作成した「中支ニ於ケル報道宣伝業務ノ概況」（『日中戦争 対中国情報戦資料』第3巻、267頁）によれば、その数はさらに増加し、200名に達している。

イギリス、アメリカ、イタリアそして日本が治外法権を持つ上海の共同租界を中心に各国語のメディアが乱立し、国際的な情報を氾濫させていた。日中戦争以前には全中国の出版量の九割が上海に集中していたといわれるが、上海事変以降、そのウェートを一層高めるようなメディア界の空前の盛況が見られた。日系のごく少数のものを除き、多くの新聞は日本の侵略を糾弾していた。

共同租界を管理する役所は工部局であったが、そこでは相変わらず英米が実権を握っていた。上海事変で軍事力を強め、工部局でも警察、言論統制で影響力を高めた日本ではあるが、抗日のメディアの統制はできなかった。英米籍の人物を発行人にすれば、日本当局は抗日、反日、侮日のコンテンツを弾圧ないし抑圧する権限がなかった。せいぜい工部局の関連部局に口頭や文書で抗議したり、邦人居留民の抗議デモを繰り出すくらいの対抗策しかなかった。したがって共同租界に地盤を置く抗日紙はかなり自由な活動を行い、その報道は上海駐留の内外記者を通じ全中国だけでなく全世界に伝えられた。

１９３７年の上海事変（第二次）から太平洋戦争勃発直後の租界占領までの四年半は日本軍と中国を含む各国とそのメディア、ジャーナリストとの相互の宣伝、報道戦が上海において熾烈に展開された華々しくも緊張感のある時期であった。事変は租界とその周辺に長く沈殿していたメディア環境に強烈な刺激を与え、各メディアの送り手、受け手双方の眠りを醒まさせ、メディア界に空前の活況をもたらした。日本軍は上海の共同租界のメディア活動に干渉していたが、租界を完全に接収できなかったため、中途半端な言論の自由への制限が逆にそれへの抵抗が言論抑圧を打破するとの期待を租界の中国人に湧き起こさせ、抗日メディアへの購読に結び付かせるという皮肉な結果を招いていた。日本と英米、フランスなど主要国とは緊張関係にあった。これら各国は蔣介石の国民政府や毛沢東の中国共産党などの抗日勢力とその系列ジャーナリストを陰に陽に支援していた。

陸軍の宣伝戦を担った馬淵逸雄

上海を中心とした当時の陸軍の宣伝戦を担った中心人物が馬淵逸雄《まぶちいつお》である。馬淵は陸軍士官学校、陸軍大学校を卒業し、師団参謀などを経て、１９３４年に陸軍大臣官房付の少佐となった。官制で見ると「新聞班手伝」である。馬淵は１９３７年8月に上海派遣軍司令部付の報道部員になる。上海派遣軍報道部は馬淵の上海到着の翌日に開設された。年末に中佐となる。南京陥落後、１９３８年2月に中支那方面軍、上海派遣軍は中支那派遣軍に再編され、馬淵は同軍の参謀・報道班長となった。１９３９年2月に中支那派遣軍報道部長、8月大佐に昇進。９

馬淵逸雄

月に中支那派遣軍などが再編され、支那派遣軍となるとともに、同軍参謀・報道部長となる。1940年12月陸軍省報道部長に栄転するまでの大陸での報道部長の時代に、現地の日本人向けメディアによく登場するスター論客となった。『大陸新報』も馬淵の動静や発言をよく掲載した。陸軍省報道部長として在任中、中国時代の報道、宣伝の体験を『報道戦線』としてまとめ改造社から出版している。「支那事変の最初から大東亜戦争開始直前までの四年四ヵ月、参謀将校としては異例に長期間を、軍報道部一筋で通した」（西岡香織『報道戦線から見た「日中戦争」』5頁）。上層部によって馬淵はその報道関係の推進、処理能力を見出され、上海に派遣され、報道部長就任以前から派遣軍の報道・宣伝活動を実質的に指導した人物であった。

租界向け宣伝工作（1）――中国語メディアへの対策

上海報道部は対租界工作や対外宣伝にも力を入れている。

日本軍は蔣介石の国民政府軍を駆逐し上海を支配していたが、英米所有のメディアはむろんのこと、英米籍に移した抗日の華字紙の廃刊やラジオの廃業を強制できなかった。そこで図1の真ん中にある新聞検査処や放送監督処（広播無線電監督処）による検閲を強め、不都合な報道事例を工部局へ示し、取締り強化を繰り返し要請した。たとえば1939年10月21日には、

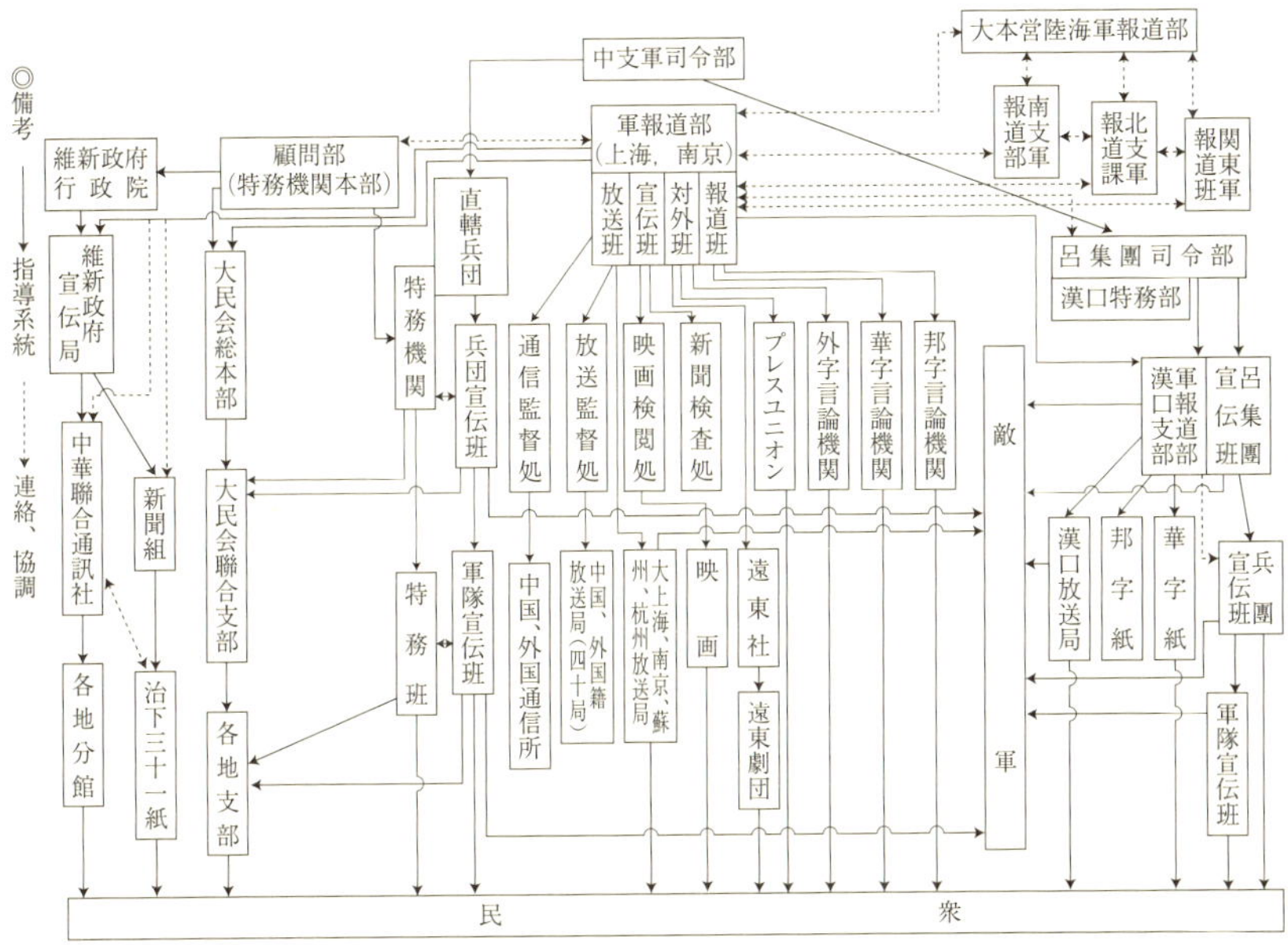

図1　支那派遣軍の宣伝組織系統図

「華文『大美報』及英文『大陸報』取締要請ニ関スル件」を工部局警視総監ボーン少佐に提出し、両紙は虚構の記事で「日本軍ノ名誉ヲ損傷スルコト極メテ大」と「全文取消ヲ厳命」するよう要請している（アメリカ国立公文書館所蔵 Shanghai Municipal Police, RG263 Box23 Folder 3019）。

検査処や監督処による取締りが消極的な対応であったのに対し、対日協力姿勢を示す中国語メディアの育成は積極的な中国民衆対策であった。その代表は陸軍報道部が直接かかわって1937年10月1日に創刊された華字紙『新申報《しんしんぽう》』である。しかし『新申報』への接触が「漢奸」呼ばわりされたり、売り子が官憲に逮捕されたりした（末藤知文「草創の記」、三宅儀明「思ひ出」、ともに『紙弾』所収）ので、民衆への浸透力は弱かった。とはいえ親日紙が三十一紙に増加した。なお短波受信機の所有を禁止する指令をたびたび出したが、その指令を無視して外国からの短波を密かに聴取する者は多かった（小山栄三『大東亜戦争と中国民衆の動向』）。

租界向け宣伝工作（2）——外国特派員への対策

英米系の外国人は租界で守られた第三国人として、外国語新聞やラジオなどの発行名義人やオーナーになりすまし、中国人の抗日宣伝活動を支援していただけではない。租界に拠点を置く彼らのメディアは日本の侵略行為を母国や海外向けに発信し、反日世論を醸成させる姿勢でほぼ一致していた。したがって日本側からの彼らへの情報提供や「新聞操縦」はすぐれて国際的な宣伝工作であった。「外字言論機関」つまり「世界的大新聞」の上海特派員の多くが「対日反感悪意」に満ちていると馬淵は分析していた。

陸軍報道部では毎日記者会見を開き、専門の将校が彼らにニュースを提供し、「個別的操縦」によって、「対日悪宣伝」や「歪曲」の活動を停止させようと努力していた。常に彼らの念頭にあったのは、「重慶側ノ逆宣伝」とそれに対する対応である。国民党側の国際宣伝は日本側よりも上手で、国際世論への影響力が強かったからである。外国人記者はその会見場に多いときは四十五、六名集まって世界に向け情報を発信していた（永井卯吉郎「支那に於る外人記者」『紙弾』所収）。

南京事件以降の欧米の日本非難——南京事件の宣伝戦への甘い対応

１９３７年末の日本軍の南京占領の際に中国兵捕虜ばかりか一般市民まで多数を死傷させた南京事件が起きたことはたしかであるが、それが中国側のいう〝三十万人の大虐殺〟であるかどうかは今も大きな論争になっている。蔣介石が満州事変では泣き落し宣伝、支那事変では都市空襲のでたらめな報道で「欧米の輿論を自国へ有利に導く」戦術を繰り返していると、馬淵逸雄は１９４０年に非難している。それにもかかわらず三年間も重慶政府のデマ宣伝が暴露されないどころか、外国から好意を持って迎えられているのは、「日本が強いことに対する外国の蔑視」にあると馬淵は断定した（西岡香織『報道戦線から見た「日中戦争」』）。もちろん馬淵は三年前の南京事件について直接触れていないが、その勃発と経過を熟知していた。あの南京での日本軍の行動に対する批判が〝南京大虐殺〟として国際的に大きく報道されていることに彼は職掌上いらだっていた。馬淵は「南京には外人記者が二、三居残つて、市中を巡回した形跡があつた。彼等は攻略日本軍の行動を観察して、アラ、欠点を探索し第三国の対日輿論を悪化せしめんとするスパイ的存在」と口をきわめて一部の外国人記者を攻撃している（『報道戦線』72頁）。

二、三の〝スパイ的〟記者というとき、馬淵の頭にある一人がチンパレー（ティンパーリー）なるマンチェスター・ガーディアン紙記者であったろう。当時上海で馬淵の部下永井卯吉郎が馬淵らの上海報道部の外国人記者会見の現場を再現した文章にその記者が出てくるからである（『紙弾』）。

チンパレーと謂ふ英国人が居た。確か倫敦あたりから派遣された者であつた。南京陥落直後、彼の打電原稿に「日本軍は七十萬（？）の良民を虐殺し、六十歳の老婆に暴行を加へた」等見て来た様な文句を並べてあつたので、検閲官はその発信を差し留め、字句の修正を要求したに対し、彼は厚釜しくも記者会見場に於て何故検閲官は打電を拒みたるや、等の不平を公言した。私共はこれに対しその事実無きを説明し、且《かつ》それ以来彼を相手とせず、彼を黙殺したので、遂に上海に居ることが出来ず、帰国したらしかつた。

馬淵ら陸軍報道部もチンパレーの誇大報道に困惑し、取材活動を監視し、南京報道を検閲で妨害したことがわかる。その記者の手になる英文の記事や著書(『支那における日本軍の暴行』)が大虐殺説を世界に流布させ、日本軍の中国侵略への国際世論の非難を高め、対日イメージを一層悪化させたというのが通説である。

蔣介石の国際プロパガンダの効果に危機感

チンパレーが国民党国際宣伝処の顧問となっていたことが近年、確認された(北村稔『「南京事件」の探究』)。著者は南京の中国第二歴史档案館である資料を発掘した。そこには国民党が1928年から駐米大使館に国際宣伝費として2万元を支出していたが、1937年には、中央宣伝部が中央電訊社のロンドン、ニューヨーク、シンガポールの特派員に以下の支出をしている。(「国際宣伝経費」(1928・5~1937・12)国民政府令　第二一〇号、全宗号1(二)案巻号305・40)

	設置費用	日常運営費用
ロンドン	7755元	22076元/月

ニューヨーク　７７００元　２００１７０元／月
シンガポール　２７００元　１４７４０元／月

日本政府も上海の陸軍報道部などからの情報で、国民党の積極的な国際宣伝活動によって、南京での日本軍の虐殺行為が世界に周知され、日本への国際批判を高めていることに遅まきながら気が付き、積極的に対応する必要を感じるようになった。デマ宣伝は黙っていても必ず消えるとの消極策では、日本の残虐行為が定着してしまう。

そこで蒋介石側の流す合成写真の嘘を暴く記事を英文で作成（内閣情報部『思想戦展覧会記録図鑑』１００頁）したり、名取洋之助のような国際感覚に優れた写真家に委託した雑誌『SHANGHAI』を刊行したりする。

当時の支那派遣軍報道部のメディア戦略はラジオ、映画、劇画（紙芝居）など多様なものであった。その中にあって、大陸新報社の創設は邦字紙、華字紙、ビラ作成そして写真雑誌、さらには英字紙をも刊行

合成写真の嘘を暴く英文記事

する陸軍中心の積極的なプロパガンダの戦略の重要な一環であった。

四　なぜ満州浪人の福家俊一が『大陸新報』の社長になれたのか

偉い人に取り入ることでは天才的

『大陸新報』の創刊された時期は上海、南京、武漢を占領した日本軍が中国全土の支配に向けて前進しようとして意気盛んだった頃であった。『大陸新報』創刊に際し、緒方竹虎、美土路昌一といった朝日幹部に直接、参加を呼び掛け、みずから資金を工面し、創刊10ヵ月後の1939年10月に弱冠27歳で社長となったのが福家俊一《ふけしゆんいち》（1912—1987）である。それでは福家俊一とはいかなる人物であろうか。

福家俊一

ご記憶の読者がいるかもしれない。自民党福田派の代議士。香川一区選出の暴れん坊。日曜朝のTBSテレビ「時事放談」で、政治評論家の細川隆元が「一度福家を大臣にしたい」と言っていたのを思い出す。選挙には弱く、戦後の衆院選では6勝9敗だった。

福家には他人にまとめさせた二冊の伝記風回想記がある。山田竹系『ひげの代議士二等兵』（大泉書店、1972）と小堺昭三『破天荒一代』上・下巻（角川文庫、1981）である。

前者の著者は福家と同じ高松出身で、元朝日新聞記者である。後者よりもまとまりを欠いているうえに、『大陸新報』への記述が少ない。

本書で資料として主に利用する後者は雑誌『小説宝石』（光文社）に1973年2月号より23回にわたって「ごじゃな奴」として連載され、1975年に光文社から同名の上下巻の単行本として刊行された。文庫版になる際に『破天荒一代』と改題されている。著者の小堺昭三は大宅壮一門下のルポライター出身で、作家としては直木賞候補にもなっている。

『破天荒一代』では主人公の福家俊一だけは布施俊吉となっているが、他の登場人物は実名である。福家の自慢話をもとにした波瀾万丈な満州軍閥や政治家との交流を福家の奇抜な男女関係と絡ませたエンターテインメント小説である。著者の小堺は連載中何度も福家の出身地である香川県に足を運び、福家などに何度も会い事実確認を行ったことは永年福家の公設秘書をしていた甥の原光男氏が証言している。『破天荒一代』が世に出てから、未だ一度もそこに実名で登場する関係者自身や遺族からクレームの類いは寄せられていないという。それでも政治家的な吹聴の部分や誤った記憶の箇所が少なくない。そこで他の史実や証言によって割引ながら、『破天荒一代』の記述を活用していくことにする。

一般に流通する福家の資料には不明確、不正確なものが多い。たとえば『大陸新報』社長就任時期は1939年（昭和14年）であるのに、日本版ウィキペディアでは1937年となっているし、大阪府立生野中学校入学は事実であるが、貧困のため1年で中退したこと、早稲田大学専門部の入学そして中退は彼がポスターに刷りこんだ虚偽記載であったが、そのままに伝承されている事例である。筆者が原光男氏に確認したところ、早大入学の事実を証明するものはなく、選挙活動の際、しばしばライバル候補から学歴詐称を暴露、追及されたという。

ともかく『破天荒一代』を開いてみよう。香川県高松郊外の農家の末っ子として1912年（明治45年）に生れたが、家が破産。学歴、職歴にこれといったものがなく、資金や係累の後光から無縁だった福家の運命は東京憲兵隊本部前で行き倒れ、通りがかった親切な岩佐禄郎大佐（東京憲兵隊長）に助けられ、そこの給仕に日給80銭で雇われたことから一挙に開けた。

原氏の言うように、「偉い人に取入ることでは天才的」といわれる福家俊一である。『大陸新報』に出資して、福家を助けた桐島龍太郎は岩川隆の『日本の地下人脈』の中で、原氏を補強する証言をしている。

福家は編集にはいっさい口を出さぬ。ただし軍人をだきこむのはうまかった。連日陸軍の連中を料理屋に招待しておだてあげる。軍人のほうもまたおだてにのりやすい。「先日、東京の参謀本部で○○閣下におめにかかったら、あなたのことをこういって褒めておられました」などというと相好をくずして福家の言うことを聞くようになる。かれらのかんどころを握る技術は、見ていて惚れ惚れするところがあった。

福家の取入り第1号が影佐《かげさ》禎昭《さだあき》だった。陸軍省軍務課の大尉だった影佐は1931年の三月事件の直前に起きた軍部若手のクーデター未遂の金竜亭事件に関与したとして捕縛され、憲兵隊本部に軟禁されていた。給仕の福家がお茶を届けたとき、影佐の関西弁と生野中学在学の話が二人をつなげたらしい。影佐から厚い封筒を渡された。影佐の覚悟の遺書だった。それを影佐宅の夫人に届けたことが未来の権力者の寵愛獲得の端緒となった。その後、使い走りで訪れた参謀本部支那班では板垣征四郎、石原莞爾という満州事変を引き起こす参謀たちに取入り、まもなく板垣から〝渡満セヨ〟との電報が届く。奉天に板垣を訪ねたその日に出会ったのが大杉栄暗殺事件の後満州に渡っていた甘粕正彦である。昭和史に大きく関わった著名な軍人や元軍人、政治家がゾロゾロと登場してくる。のみならず影佐、甘粕という『社史』に記述された『大陸新報』創刊事情に出てくる二人の重要人物とこの時点から知り合いだったことがわかる。

気難しい甘粕のお眼鏡にかない、満州事変を支える諜報隊員に即刻採用された。(福家は上海に移ってからも、甘粕のご機嫌取りに気を使い、1940年の正月、熱海で甘粕一家と過ごしていた、と佐野眞一『甘粕正彦　乱心の曠野』402頁にある)。

福家は甘粕や板垣の密書を後生大事に腹巻に入れ、満州と東京を往復するメッセンジャーの任務をこなし、信用を得ていった。松岡洋右《まつおかようすけ》満鉄副総裁(後の近衛文麿第二次内閣外相)や遠藤柳作満州国総務庁長官(後の阿部信行内閣書記官長)ら福家の人脈は拡大する一方だった。

そのうち満州国総務庁長官(後の阿部信行内閣書記官長)ら福家の人脈は拡大する一方だった。

そのうち満州国が満州族向けに出す中国語の日刊新聞『斯民』創刊を総務庁長に命じられることになった。福家は二十代半ばで同社の社長となり、編集局長には北京大学出で中国語がぺらぺらの電通社員を据え、二十人の満州人に記事を書かせた。新聞経営者としての第一歩である。ところが新聞は売れず、社の建物が見えないくらいに返品の山がたちまちにしてできた。福家はその程度でへこたれるような男ではない。文字の読めない民衆には「目で見る新聞」が良いと抜け目なく判断し、グラフ雑誌のような紙面に変えると、部数が7万部に急伸した。評判は東京の要人の小耳にまで入るほどとなった。

密使兼メッセンジャーボーイ

『破天荒一代』では、密使としての福家の派遣先を「民意派」と「帝意派」に二分している。その当否はここでは検討外である。注目すべきは本土の主要な政財界や言論界の指導者にまで人脈が広がって、顔が知られるようになったことである。

執政の溥儀《ふぎ》が皇帝に即位し、満洲国が帝政を実施したのは建国より二年後の昭和九年三月一日である。それまでは前述のように「民意によって大統領を選ぶ」か、「日本的帝国主義を望む」かで、満洲人たちのあいだで揉めていた。同じように日本の政治家や識者のあいだでも「民意か帝意か」で意見が対立しつづけていた。

なかでも枢密院議長の平沼騏一郎、貴族院議長の近衛文麿、政友会総裁の鈴木喜三郎、玄洋社の頭山満《とうやまみつる》、東亜問題調査会の大川周明、財界の大物である池田成彬（三井財閥）、藤原銀次郎（王子製紙）、山下亀三郎（山下汽船）らは「帝意派」であった。

「民意派」には政友会の久《く》原房之《はらふさの》助《すけ》、元老西園寺公望の秘書である原田熊雄、読売新聞の正力松太郎、同盟通信の古野伊之助、朝日新聞の緒方竹虎などがいた。

甘粕正彦や田辺治通《はるみち》（のちの平沼騏一郎内閣の官房長）や板垣征四郎らの密書をたずさえてゆくのが、俊吉に与えられた新たな命令であった。巻紙に毛筆でしたためたそれらの密書を油紙でつつみ「密使用の腹巻」なるものを白木綿でこしらえ、後生大事に腹に巻きつけて俊吉は満洲と東京のあいだを往復するようになった。
「帝意派」へ届けるときもあれば「民意派」へ手渡すこともある。だから俊吉は、いまあげたような両派の人物とはそのつど会った。それらの人物の返書を満洲へ持ちかえる場合もあった。いわば俊吉は、アメリカ的デモクラシーになるか日本的帝国主義国になるかの満洲国の命運をにぎる〝飛脚〟だ。
ただし、表向きはあくまで『政界春秋』の特派記者の名刺を出して面会をもとめ、その人物と二人きりになったときはじめて「密使用の腹巻」から密書をとり出すのであった。列車や関釜連絡船のなかで再三、日本の移動警察官や特高警察に怪しまれたこともある。そんなときにも〝飛脚〟であることは名のれず、記者の名刺でごまかさねばならなかった。（上巻、202—204頁）
朝日の美土路昌一が晩年の回顧録『余の歩んだ道を思ひ出すまゝ』にて「後に代議士になった福家俊一という軍の満州派と東京の間を連絡の使い走りをやっていた男」（540頁）と述べているように、首相候補に何度も擬せられた宇垣一成に近い美土路はメッセンジャーボーイとして満州から派遣されていた福家に面識があったことを証言している。

上海を拠点とした新聞創刊構想

1938年のいつ頃か、おそらくその年の初夏の頃であろう。『破天荒一代』によれば、政府内部で国際的プロパガンダの一環として上海で新しい国策新聞を創刊する議案が軍部、政府の五相会議で起き、幹事会で具体化の協議がなされた。どの新聞にやらせるかは、政府の幹事会に一任された。陸軍が影佐禎昭大佐、海軍が岡敬純大佐、外務省が矢野征記、内閣書記官長が朝日出身の風見章であった。幹事会は朝日を立てれば毎日その他が立たず、という風で決めかねた。五相会議は結論が出せなくて困っているというその情報を、朝日、毎日、読売、同盟の四社がいちはやくキャッチし、「国策新聞の経営はわが社にまかせろ」と主導権の争奪戦を展開した。各社の社長クラスが陣頭指揮にあたり、政界軍部をあの手この手で動かそうとした。新聞用紙が統制になりつつあり、日本国内では大幅に紙数をのばすことができにくくなってきているので、このさい国策新聞を掌中におさめることが各新聞社の生命線ともなってきたのだ（『破天荒一代』）。

各紙は自社寄りの新聞業界紙を使って他紙の動向を探り出した。比較的客観的な報道を行なっていた業界紙大手の『新聞之新聞』に『大陸新報』関連記事が最初に登場するのは、1938年8月9日である。そこには馬淵中佐を中心とする現地の報道部が、人的構成は朝日4分の3、大阪毎日4分の1で、上海毎日、上海日報を原則として買収しないこと、輪転機は南京の元中央日報社の機械を12万円で買収すること、資本金は50万円との大綱を決め、さらに9月初旬に強力な『大陸新聞』（『大陸新報』ではない！）を創刊準備中とある。そして8月13日のトップ記事には『上海大陸新聞』が「某有力方面の後援により、九月早々和漢英の三種新聞」を発行すべく、大朝、大毎、読売の部長級の好条件での引き抜き工作を現在展開中で、彼ら新聞社幹部の人心は動揺中、とある。9月30日の紙上には「某有力方面」の後援は望み薄と続報が出た。国策新聞のタイトルが決定していないこと、朝日の3分の1にすぎないが毎日の記者が編集に参加することなど、この記事はその後の動きを予測できていない。しかし朝日が主力になることは重要な指摘である。「某有力方面」とは朝日のことかもしれない。この時点では朝日が経営参画を決めかねていたと予想されるからである。

以下は『破天荒一代』の記述による。そんなとき満州に話題をまいた新聞成功の立役者の名が影佐に浮かんだ。「学歴はないが、なかなかにおもしろい若造でね。こやつにやらせてみてはどうだろう。そうすればどの新聞社ともつながりはないし、恨みっこないということになるのではないか」と影佐が発言し、岡も矢野も賛成した。近衛首相に記案として提出すると、「この男ならおぼえておる。わたしのところにも何度か、密書をはこんできたことのある秘密諜報員だったね」と近衛文麿も想い出してくれた。

一説では甘粕がアヘンの権益確保のために、「阿片王」里見甫《はじめ》に福家を食い込ませるべく『大陸新報』を隠れ蓑に創刊したとか、岸信介がアジア政策のために『大陸新報』を甘粕に命じて作らせたという説（「満州の妖怪」『文藝春秋』1977年11月号）があるが、諸資料を比較検討する限り、『破天荒一代』に出ているこの影佐の発言の方が筋が通っていて、信憑性が高い。しかし甘粕が深くかかわったことだけはたしかである。弟の甘粕二郎は当時三菱信託に勤めていた。そのときの同僚で、後に甘粕の弟の口利きで福家を紹介され、大陸新報社に入った小林春男という男（戦後、光クラブ事件、保全経済会事件にかかわった）がいる。彼が甘粕の弟から聞いたところによれば、福家が「甘粕元憲兵大尉に知られ、彼が満州国で一旗あげると、その有力メンバーに登用されたらしい。そして、甘粕が尻押しをして上海で新しい国策新聞を出すことになったが、それに要する費用は全て軍部の臨時軍事費のなかから出された」と聞いていたという（小林春男、原園光憲『妖怪の系譜――小林春男の手記』176―177頁）。

福家・朝日コンビにやらせろ

『破天荒一代』によれば、その直後に陸軍省軍務課長に出世していた影佐禎昭からとびきりうれしい話が持ち込まれた。

上海は米、英、仏、伊、日の租界がある治外法権の特殊地帯だ。ここではテロ、謀略、諜報とさまざまに暗躍し、各国の新聞が刊行されていて言論戦もはなやかだ。そこで日本としては占領後、それに打ち勝つための強大な新聞を発行したい。

現在、上海の大新聞としては蔣介石側の『大公報』があり、日本語の新聞には日本租界のなかに『上海毎日新聞』と『上海日報』とがある。しかしこの二紙はローカル紙にすぎない。占領後の上海は軍人も居留民もふえることだし、そこで『大公報』に勝る中国語の新聞と、朝日新聞や毎日新聞に劣らぬ規模の日本語の新聞と、外国租界の各国紙と競争できる英字新聞を同時に発行したい。これは宣撫工作上の国策新聞として絶対に必要なものだ。そんなふうに概況を説明して、

「つまりこの国策新聞をだナ、布施君、きみにやってもらいたいんだよ」

と影佐大佐は言うのであった。

「ほ、ほなら、こ、このわいが、朝日新聞の社長ぐらいの、お、大物になりまンのか⁉」

俊吉は椅子から飛びあがっていた。

美土路昌一

緒方竹虎

「それどころか、いまに日本軍は全中国を支配する。そうなりゃ朝日、毎日、読売三紙を併せたよりもっとでっかい発行部数の新聞になるぞ。どや、やってくれるか？」（上巻３０４頁）

書記官長の風見が朝日出身で、朝日を指名したがっていることを影佐も感じていた。福家も影佐の意向を敏感にキャッチして、「緒方はんや美土路はんは密書を届けたこともあって、よオ知ってまっさ。この人たちが協力してくれるんなら、わいはよろこんでお受けします」との影佐の意にまたも投じた。彼は喜び勇んで朝日に飛び込み、最高幹部への面会を求めた。今回はメッセンジャーボーイではなく、対等の交渉相手、いや優位な立場の決定下達人として重役室に堂々と入った。

ところが福家の期待に反し、朝日側が申し込みを本心では歓迎しながらも、若輩への対応に勿体ぶった姿勢を見せた。それは次の緒方の彼への対応から推測されよう。

編集局長の美土路昌一は、来訪を待ちこがれていたかのごとく会ってくれた。しかし、どことなくよそよそしく、主筆の緒方竹虎に取り次いだ。

緒方の部屋に通されるなり俊吉は、

「人生二十四年で、これだけの大命を拝するのは光栄ですが、天下の朝日新聞のご協力がなければ、とても創刊でけまへん。緒方はん、よろしゅうお頼み申しま」（中略）

「どういう新聞にする？　題字はもう決めたかね。編集方針はどうなんだね」

緒方も無表情をよそおっていた。

「へえ、大陸新報にしようと思いま。どうでしゃろ、堂々としてまっしゃろ？」

「大陸新報か……そら、いい名だね」

「ほなら、さっそく、大陸新報という題字を書いておくれなはれ。社名の字体も緒方はんのそれにさせてもらいま。中国人たちも緒方はんの字のうまさに感嘆しますやろ」

緒方竹虎は書の大家であった。そのほうでも有名である。が、俊吉はそれだから頼んだのではない。揮毫させてご機嫌をとろうとしたのである。

「早まっちゃ困るよ。当社はまだ協力すると約束したわけじゃない。書く書かんはそれからのことだよ」

押しのつよい奴だ、と彼は笑いに濁した。

「わいは自分のためお願いしとるのやおまへん。戦争を遂行する日本のためでっせ」

「そりゃあ判っておる。しかし、いきなりそう頼みこまれてもね」（中略）

「とにかく、わたしの一存では返答しかねる。当社の重役会の結果はあす伝える」

ということにして緒方は俊吉を帰した。（上巻、３１１―３１４頁）

福家は約束の日時に再び朝日の緒方竹虎を訪ねた。

「題字を書いてくれはったのやから、むろん協力はしてくれまンのやな」

俊吉は上目使いに念をおした。

「重役会の結果、全面的に協力すると決定したよ」

布施俊吉のたっての依頼で朝日新聞社は大陸新報社に協力することになった、他の新聞社を出し抜いて国策新聞発行の主導権を奪取したわけではない、と言外に匂わせて緒方竹虎はうなずいてみせた。（上巻、317頁）

五　なぜ朝日が『大陸新報』に足を突っ込んだのか

満州事変以降の朝日の部数増加

日清戦争からほぼ十年間隔で大小の戦争、事変に対応した日本のメディアは、短い「戦間期」においてのみ日本軍勢力から距離を置いたり、軍べったりの姿勢を自己修正しようとしたりすることもあったが、いざ戦争勃発となると、権力からの圧力だけでなく、その大きな収益から基本的には日本軍への同調を変えなかった。

『朝日新聞』の部数を見ると、日清戦争では１８９３年の13万7千部から１８９５年の16万9千部に増加した。日露戦争では１９０３年の19万5千部から１９０５年の24万1千部に増加した。いずれも23％の増加率である。だが戦争終了となると、日清戦争では19％、日露戦争では10％減少した。ところが１９３１年の満州事変では、事変がいったん終わっても部数が減少することはなかった。

表1は昭和戦前期の東西の『朝日新聞』の発行部数の合計をグラフ化したものである（『朝日新聞社史』資料編、１９９５年、３２０～３２２頁参照）。満洲事変では１９３１年の１４３万部から翌年の１８２万部へと27％増えた。太平洋戦争まで同紙の部数が右肩上がりに一本調子に急増していることがわかる。とくに１９３７年の日中事変以来の日本の中国大陸侵略の拡大に呼応した派

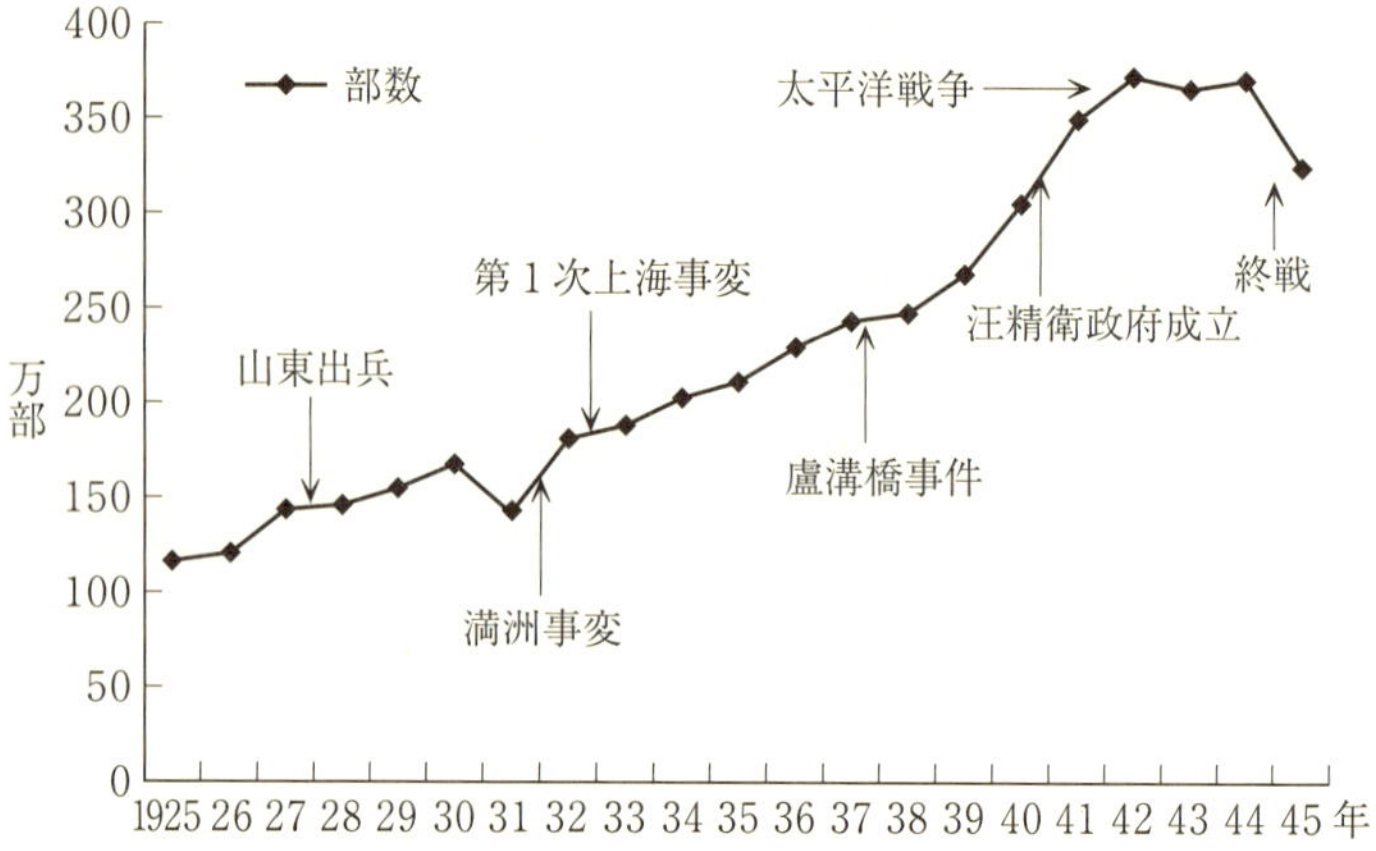

表１　昭和の戦争と『朝日新聞』の発行部数（1925〜1945年）

手な戦況報道が同紙を経営的に潤し、その業界支配力を高めたことをグラフが如実に示している。戦争なしではとても朝日新聞の基盤は形成されなかったことがわかる。

ライバル大阪毎日の気になる大陸への関心

朝日と毎日新聞は相手をライバルと見なし、事あるごとに対抗心をむき出しにし、相手の企画をまねることを平然と行なった。大正期では朝日が甲子園の中等学校野球大会で成功するや、毎日は選抜大会を企画した。一方毎日が『サンデー毎日』を創刊するや、朝日は『旬刊朝日』を改題し『週刊朝日』を刊行した。

１９３８年11月に大阪毎日新聞社から『華文大阪毎日』（後、『華文毎日』と改題）という半月刊誌を創刊したことが、朝日の大陸進出に刺激を与えていた。また高石真五郎会長、奥村信太郎社長が営業、編集幹部を随行して同時期に上海など中国各地を訪問したことで、毎日は大陸経営に積極的と業界でささやかれていた。『新聞之新聞』1938年12月1日には、朝日も「華文朝日を出すという事であれば吾々は大陸への進出として之を歓迎するものである。勿論吾社が先鞭をつけたもので あるから、後から出す朝日としては相当苦心を要するであろうが吾々が問題にしているのは用紙で、朝日が之をどういう風に入れるか注目している」と毎日新聞幹部の談話が出ている。

まもなく朝日が雑誌でなく、一挙に日刊紙として『大陸新報』出すことがわかった。そこで『新聞之新聞』は「上海大陸新報に一肌脱いでいる朝日では、愈《いよい》よ同社と親密の度を加へ、販売提携に迄表面化してきたので、大陸進出を試みつつある大毎ではその成行きを注視」し、『大陸新報』のライバル紙となった『上海毎日新聞』に対し、買収攻勢をかけるのではないか、「大朝、大毎の対立関係」が大陸にまで反映されてきたと興味津々に書きたてた(1939年4月24日)。『上海毎日』は大阪毎日からも食指を伸ばされていたわけである。

大陸進出への秘めたる野心

朝日新聞は大陸への帝国主義的進出の試金石として、福家俊一のこの申し出に飛びついたようである。たとえ失敗してもリスクは小さいと緒方らが踏んでいた。したがって『社史』が引用するような美土路の渋々の福家対応ではなく、もったいぶりつつも内心は喜びいっぱいであった。

影佐、甘粕などの推薦姿勢から、福家を若輩の満州浪人としてではなく、ある程度の新聞経営者としてその能力を評価していたこともわかる。先の陸軍省情報部の暗号電報では、幹事会は「新聞発行ノ許可ハ福家俊一ヲ当事者トシ、経営並ニ編輯言論機関ノ代表ハ木下猛トス」と指示している。「当事者」というのはわかりにくいが、福家を最高責任者つまり社長とすることを政府・軍部は指示したのである。しかし三十歳にもならない無学歴の男、しかも大言壮語する満州浪人と朝日が手を組むことは世間とくにライバルの新聞社の笑い物になりかねない。

福家の要望に応え、緒方主筆がさっそく題字の筆をとった。編集面は東京本社、印刷、営業面は大阪本社が協力するという具体案まですぐに福家に示され、初代の社長には元朝日新聞上海支局長で中国通でもある木下猛が選ばれていた。編集局長には朝日新聞南京支局長の森山喬、印刷局長には大阪朝日の印刷部長石井民吉をもってきていた。

朝日本社の命令ではなく、いわばボランティアの相談役として朝日上海総局長の白川威海（戦後、朝日新聞取締役）と、上海総局次長に出世していた橋本登美三郎（のちの自民党議員）が上海の現場で協力した。橋本は新京支局の駆けだし記者時代、馬占山《ばせんざん》と板垣征四郎が会談する特ダネを福家からもらい、二人でチチハルまで飛んだ仲である。戸叶武は1940年2月11日、親友の橋本の手紙で入社を勧められ、猿山儀三郎、帷子勝雄をも誘ったと、橋本が朝日記者スカウトで福家に協力していたことを証言している（『本社の南方諸新聞経営』208頁）。

1937年から1941年末まで、つまり『大陸新報』前期の活動を朝日上海支局長としてつぶさに観察する立場にあった白川威海は「新しく発刊されただけに右翼左翼を問わずさまざまな人物たちが出入りしてここを拠点とし、上海新聞界にチミモウリュウが流れこんだかのような感を与えた。朝日ぜんたいとしては陸軍の姿勢や方針に百パーセント賛成していないので、社内から〝『大陸新報』などという国策新聞を後援するとはなにごとだ〟と非難の声がたえず、私たちとしてはひどい目にあった」と述懐している（『日本の地下人脈』134頁）。それでもすぐに福家を社長にするのではなく、上海支局長経験者の木下猛を社長にして大新聞としての面目を保ちながら、ワンクッションを置いて、なんらかの理由で、近い将来に福家を社長とする人事で政府・軍部と妥協が成立したと推察される。福家の社長就任は政府・軍部の決めた既定路線を朝日が基本的に飲み込み、朝日が彼の就任時期を遅らせただけである。『社史』や美土路がいうような社長指名の主導権を朝日が握っていたのではなかった。したがって「福家を社長にしたら飛上って喜んだ」という表現は適切でない。国策新聞への協力を新聞界で嘲笑されることを覚悟しつつ、同紙を踏み台に次なる中国市場への進出の野心を秘めていた。それは影佐が福家に告げたという「いまに日本軍は全中国を支配する。そうなりゃ朝日、毎日、読売三紙を併せたよりもっとでっかい発行部数の新聞になる」（『ごじゃな奴』上巻、305頁）野望そのものであった。

暴れ者福家の拡張路線

『大陸新報』創刊の頃は武漢作戦が終わり、蔣介石の重慶撤退によって、日本軍が汪精衛の南京政府樹立を工作している頃であった。戦局はいわば小康状態にあった。報道戦士の記者、写真班、連絡員など百余名を前線に派遣して鎬《しのぎ》をけずっていた朝日、毎日、同盟は50名、読売は30名ほどに減少させ、前線特派員は上海で一週間ほど交代に休養させ、また前線に送る体制をとっていた。1941年1月頃までは政治、経済、外交、社会などに個々に結成されていた記者クラブも三大紙、同盟、満州日日、報知、福岡日日、新愛知、大陸新報、上海毎日の十紙による「上海日本人記者クラブ」に集約され、日本人租界に新事務所を構えた。

事変報道が落ち着く頃に、上海など華中への日本人の移住が増加した。大陸経営、大陸発展という日本当局のプロパガンダが本土のメディアで声高に叫ばれ出した。上海行きの連絡船を待つ日本人で長崎の旅館はあふれるようになった。上海10万人、南京1万5千人、徐州1万人の在留日本人を数えるほどとなった。この動きに朝日や毎日の経営者は敏感に反応し、大陸進出を検討するようになる。

当時の最有力業界紙『新聞之新聞』の岩田特派員は同紙1939年6月13日付けで、『大陸新報』は「故桐島像一氏の遺産廿万円をその子息から融通を受けているという弱冠二十九歳の青年福家氏が切り回している」と報じた。同紙は福家がかつて満州方面で売った顔にモノをいわせて縦横無尽に暴れまわっていて、さきに『上海日報』や『新申報』を併合するだけでなく、『漢口日日新聞』を買収し、『武漢大陸新報』を発行。その余勢をかって福家は南京にも進出しようとしていると記し、「それからそれへと手を伸ばしている事についてはかなり危惧の念をもって観察している向きもある」という。その「向き」とは大陸新報社内の朝日関係者であろうが、福家は陸軍の意向をしゃにむに実行に移しただけであった。『新聞之新聞』(1939年6月13日)は社長木下猛を福家の「ロボット」と断じている。

福家は『上海毎日新聞』の買収に触手を伸ばしていたらしい。そしてその噂をあわてて否定する深町社長の談話もこの『新聞之新聞』は載せている。

私の社が大陸に合併するのではないか、という噂は耳には入っていますが、私としては全然そんな事は考えて居りません。上海毎日は合併などしなくても立派にローカル紙として独立してやって行けるのです。それに純イデオロギー新聞一色になって、対立競争の新聞が無いという事は好ましくない事だとも考えています。軍の方でも私の方に合併せよとか何んとかの話しは全然ありませんし、大陸の方からも何んの話しもありません。要するに毎日が大陸と合併する云々の噂は根拠の無い事です。

三つの証言―創刊当時の『大陸新報』と朝日の人的関係

緒方の著書、関係文書には福家についてはもちろん『大陸新報』についての記載は見当たらない。朝日発行ないし編纂の社史、伝記の類にも福家の名が出たのは、冒頭に紹介した『社史』の1ヵ所だけである。しかし創刊の裏事情について、以下の三つのかなりまとまった資料が見つかった。〔証言A〕と〔証言B〕は福家の証言、〔証言C〕は朝日から『大陸新報』に移った記者の証言である。

〔証言A〕　戦中（1943年）の福家俊一回想談

「大陸新報」は戦火のさ中に生れた。戦火の中なればこそ、これだけのものが生れ得たのである。「大陸新報」を造り上げたものは青年の意気と熱情であった。それは傍目には無暴とも猪突とも映じたに相違ないが、その無暴と猪突が却って成功の真の原因であったといえる。平時の環境に於ては、そして常識的な計画や左顧右眄では決して「大陸新報」は生れなかったであろう。勿論「大陸新報」が生れるまでには軍官民の有力者、先輩の並々ならぬ支援と鞭撻があり、それは当然大陸新報社史の最初のページに特筆大書さるべきものである。然し私はいまはただ「大陸新報」を現実に生み出し、育て上げ、今日の基礎を築き上げたものは多くの無名の青年の手によって、であり、名ある人は殆んどいなかった。これが創刊当時の大陸新報の陣容であったのだ。

西華徳路の現社屋を見出すまでにも色々な挿話や思い出があるが、当時虹口クリークに掛った第二の橋を東に超えて西華徳路へ足を踏み入れる人間など殆んどいなかった。夜など猫の子一匹通らなかった。現在の大陸会館の中には未だ屍体が転がっているといった惨憺たる状態から、第一歩は踏み出されたのである。

編集局の人員は最初十余名、多くは内地から来たばかりで碌に虹口の地名も知らない連中が取材やら編輯やら校正までも引き受ける大童の活躍だったし、営業局の諸君も押し詰った二十五日後に内地から上海へ到着して、いきなり創刊号の広告を勧誘に出掛けるという向う見ずなこともした。工務関係の諸君が始めて出す新聞のために、活字一本から揃えて掛った労苦がどんなものであったか、は当時を親しく目撃したもの以外には想像も出来まい。思えば希望やら不安やら自信やら焦燥やらの奇妙に混淆した感情に憑かれたようになって働き通し、駆けずり廻った何十日かであった。

元旦創刊は到底不可能だという説に耳を傾けず、遮二無二押し切り頑張り通して、到頭第一号を発刊した。私は同僚諸君と共に大晦日から徹夜で機械の傍に附き切りとなって、漸く刷上って来た最初の「大陸新報」を手にした時の昂奮を今に忘れることが出来ない。それはどうひいき目に見ても我々が胸中に描いていた国策新聞とは随分距離のあるものであったが、然し我々は第三者的な気持で呱々の声を上げたばかりの「大陸新報」を批評する気にはなれ

大陸新報社献納機「興亜号」

なかった。

　我々はその後も幾多の無理解や揚足取りや批判のための批判に直面したが、同時に暖かい寛容や支持がわれわれを慰め励まして呉れた場合も多かった。顧みて当時の我々には、青年の客気の逸るに任せた行き過ぎや踏み外しがなかったとはいわない。然し尠くとも我々の気持は純粋であったと信じている。ある意味では我々の我武者羅な強引な行き方が、当時の環境に於ては「大陸新報」を護り育てたのだとも思っている。創刊後僅かに七個月、支那事変勃発紀念日を機に軍用機献納運動を提唱するや、一個月余にして当時としては破天荒な三十数万円が集まった時、「大陸新報」もこれで立派に根を張ったと泌々《ママ》感じたことだった。事実「大陸新報」は現地に在って確固たる地歩を占め、当然在るべきものが在るとして何人も怪しまない。然しその最初は無から有を造り出すほどの苦心があったのだ。

　私はいまでは大陸新報と何の関係もない身になっている。然し現在の発展を見るにつけてもよくぞ此処まで来てくれたと衷心からわが事のように喜んでいる。私自身が本当の人間としての修養や鍛練をさせて貰ったのも「大陸新報」の二個年であったとこの頃切に感じている。それにしても若年無名の一青年たる私を支持し鞭撻された諸先輩、私と共に労苦を分ち無理な主張や要求に対しても最後まで同志的な理解を以て或いは議論し、或いは反駁し、或いは協力してくれた社の僚友諸君に私は心か

らの感謝を捧げたいのである。（元大陸新報社長・代議士）

（福家俊一「『大陸新報』創刊の頃」『紙弾』181―182頁）

福家が『大陸新報』を退職してから二年もたっていない時期に刊行された回顧録である。『大陸新報』刊行を支援した馬淵逸雄ら報道部長連が執筆した本であるため自己中心の記述をし難かったことなどで、創刊当時の関係者とくに社員への感謝をちりばめた福家らしからぬ珍しい回顧談と言える。「軍官民の有力者、先輩の並々ならぬ支援と鞭撻」を受けて若者が作った新聞と言っているが、軍が出るのはここだけである。朝日にはまったく触れていない。

それから二十七年後。朝日の社史編修室のインタビューに応じたのが、政治家時代の福家〔証言B〕である。

〔証言B〕戦後（1970年）の朝日社史編修室所蔵資料での福家俊一回顧談

国策新聞・大陸新報の本社は上海市西華徳路の大陸新報会館にあった。軍が接収した建物である。朝日新聞上海総局も同じビルにあった。『大陸新報』は私が名付けたのだが、題字は緒方主筆に書いてもらった。大部分の人は朝日から来たのだが、美土路さんなどの考えで朝日ばかりでも、というので報知新聞と読売新聞からも少数入社してもらって、これらの人を東京で編成して私が一緒に長崎から上海に渡った。その前に私と森山喬は交互に何度も現地を往復している。資金は毎日新聞の取締役であった故人桐島像一の息龍太郎氏が自分の知人だったが二十万円出してくれた。これで私が全株をもって発足させ、同氏を営業局長にした。なお、満鉄、満洲国政府、軍の代りに鮎川の三者がそれぞれ十万円ずつで計三十万円をせん別としてくれた。これらをのちに上海毎日新聞（上海日報か――引用者）などの買収費にあてた。その後は足りない分は軍から機密費で出るのだが、あまり大した額は出ていない。

大陸新報（邦字紙）の発行部数は約十万、姉妹紙の新申報（漢字紙）が約十万、のち大陸画刊を創刊したが、これは朝日新聞で刷ってもらっていた。編集もアサヒグラフでやってもらった。われわれが発行しているという形をとっていたわけだ。この取材のため朝日の植村陸男が上海に駐在した。南京、漢口、徐州に支社をおいて現地でそれぞれ大陸新報を印刷していたが、発行部数は各三万ぐらいである。なお朝日の社員は出向でなく、正式に大陸新報社員となった。大体編集は朝日の東京本社から、印刷は大阪本社から社員が来たように思っている。朝日新聞上海支局長の白川威海、同局次長橋本登美三郎の二人は朝日新聞社の現職で、われわれの相談相手だった。広告は東京で東朝社広告部長（のち営業局次長）新田宇一郎氏がやってくれた。当時朝日が大阪本社に持っていた第一級輪転機を二台買い取り、これを朝日の名古屋支社印刷部長で定年となった鍋島雄輔氏がつきそって上海に運んできた。尾坂与市氏ははじめ主筆として入社、一年後に社長となった。私はこのとき会長（実際は完全退社――引用者）となり、内地に帰って十七年四月代議士に当選、のち召集されて上等兵で長沙で軍政部の政務班長をつとめ、私服で勤務していた。大陸新報は、尾坂氏が社長になってのちも順調に発展して、終戦とともに廃刊した。（大陸新報社長福家俊一談）（朝日新聞社史編修室『本社の南方諸新聞経営』２０５―２０７頁）

福家へのインタビューに際し、編者萩森健一が、脱線気味で、支離滅裂になりがちな福家の発言を巧みに誘導してまとめたようで、かなりの整合性をもった貴重な証言である。この福家発言は『破天荒一代』に比べて、ラッパを吹いていない。

お金のことその他、ここで出てきた新事実は後の章で改めて確認する。

福家俊一の回顧録〔証言B〕と同じ資料の中に、朝日社会部を退社して大陸新報の社会部長、理事、編修責任者を歴任した帷子《かたびら》勝雄の証言がある。朝日関係者としては、もっともまとまった証言と思われる。

〔証言C〕　帷子勝雄の回顧談（1970年）

中支の大陸新報の創刊は南京陥落の一年後であったと思う。大陸新報は福家俊一、桐島龍太郎が中心となり、白川威海、木下猛（九州支社編輯局勤務）らの斡旋で上海日報を合併、これを基礎にして発刊。朝日からは蔵土延次（九州支社整理部）、森山喬（大朝東亜部）が加わり、上海支局の雇員の脇嘉市、青柳某が入社している。また当時読売に吸収された報知新聞の編集・印刷から中堅級が入社した。報知の赤松直昌（政治部）が森山、蔵土とともに福家をたすける三幹部となっている。（木下、蔵土らは十三年八月、朝日新聞を依願退職している。間もなく大陸新報に入ったものであろう）

そして昭和十四年の春、福家が私（帷子）に面会を求めてきた。朝日から数名ほしいということだった。私は東朝社会部の商工省担当で統制がはじまっていたので忙がしくて大陸行にふみ切れず、当時編集局参与の尾坂与市に相談したところ、彼から「私が大陸に行くことになるだろうから地ならしに行ってくれ」といわれ、私もそれでハラをきめた。社内から行を共にする人をさがしたが進んでゆく人が少なく、ようやく猿山儀三郎（東朝整理部）、戸叶武（東朝調査部）の二人と一緒に大陸新報に入社することをきめ昭和十五年四月、上海に出かけた。そのとき手兵として時事新報から三名をともなって入社した。上海の大陸新報は、そのとき南京、漢口に支社ができ、南京には毎日の西島五一（朝日の西島芳二の実兄）、漢口には蔵土が責任者、東京支社に森山喬、上海には赤松直昌という配置だった。大体、朝日または朝日縁故が主流となっていた。しかし当時の新聞製作を見ると、まったくのローカル紙で、報知系と現地二社系が対立状態、どうにか新聞をつくっているというだけだった。そこで私たちは社内の改革に手をつけた。大陸浪人のようなものを排除した。いろいろの抵抗があり、それが福家、尾坂の対立になって後まで尾をひきます。（十五年の暮には尾坂が朝日を代表して乗込んできた）

帷子勝雄

十六年には財団法人となり、蔵土は北支の華字紙に招かれて退社、また戸叶は代議士立候補のため退社、また福家も手をひいて立候補のため上海を去り、桐島もひいた。猿山は同系の華字紙武漢報社長に転出した。こうして朝日中心となり、社長（理事長）尾坂、常務理事は赤松と森山。理事は南京の西島、漢口の上野重雄（報知）、論説の児島博（旧上海日日）および編集担当の帷子の四人。また華字紙「新申報」は日高清磨瑳（旧上海日報）が理事となって一本化陣容ができた。新申報にはハルビンからきた中尾圭一郎がサブとなった。また「大陸画刊」を東京の朝日出版局で作製してもらい、全中国に販売した。さらに第二次の補強に落合実（朝日営業局）を業務担当に迎え、販売には植田粂吉（朝日岩月店）ほか数名が入社した。危険をおかして新申報を当時の敵地区に潜入配布し販売拡充をはかった。このころ上海毎日を吸収合併し、また徐州支社を開設した。責任者は春山泰夫（報知）。また本社工務局長には鍋島雄輔が就任。太平洋戦争がおこって本社を西華徳路から黄浦灘（バンド）に移転。そのとき朝日新聞社提供の新鋭印刷機がすえつけられた。

大陸新報は開設時から国内記事は東京、大阪から流されていた。また印刷などの資材も朝日から来ていた。朝日から資本が入っていたことはなく、資材などではないかと思う。国策新聞として、陸、海、外三省会議の下におかれ、陸海外三省の補助金が入っていたので、資本そのものは特に必要だったとは思われない。また広告も電通が全国応援で非常に好成績だったと思う。販売も邦字、華字とも目新らしい編集で、しかもぐっとくだけて大衆紙的なものとしたので、好評だったようだ。印刷はきれいだった。論説や解説などには高橋正雄（九大教授）を顧問として迎え、民情にそうように漫画集団から可東《かとう》みの助《すけ》を迎えた。アサヒ・グラフから推挙してもらったと思う。送稿は東京支社が朝日本社から記事の提供をうけ、これを電話で上海へ送る。上海から南京、漢口、徐州の各支社には電話と空輸で送稿。各支社はすべて印刷設備完備。上海の朝日新聞支局とは極めて緊密一体的であった。なお

▽朝日から行った社員は故尾坂与市　故蔵土延次　森山喬　故猿山儀三郎　戸叶武　帷子勝雄　鍋島雄輔　故石井民吉　故落合実　植田粂吉　故佐藤勝三郎（東京・写真製版）佐藤

南京大陸新報社

武漢大陸新報社

健治（活版）その他数名。
▽朝日系というべきもの（のちに本社に入社した人など）――脇本照二（編集）前田嘉直（編）戦死・難波二郎（編）脇嘉市（編）中尾圭一郎（編・華）など約十名。
㊟　朝日新聞から行ったものは、全部退社して行った。まだ当時は出向という制度は朝日にはなかった。北支の読売、南支の毎日はすべて出向だった。なお大陸新報の給料は〝朝日以上〟を目標にしていた。社員は全部で二百名から三百名。うち半数は中国人。日華両国人は和気あいあいであった。給料にも差をつけなかったと思う。ただし邦人社員は社員住宅。社員食堂は食券で、定食は無料だった。（『本社の南方諸新聞経営』208―211頁）

帷子勝雄は東京朝日にかなり経験のあるベテラン社会部記者であり、大陸新報社の入社こそ創業一年後であったが、中堅幹部として創業から廃刊までの事情に通じ、人事を中心に朝日との人的、資金的関係などかなり客観的に大陸新報社の流れを把握していて資料価値は高い。尾坂が1939年段階で「私が大陸に行くことになるだろう」と発言しているなど、貴重な証言が数多く含まれている。

市場の拡張が難しくなった日本から無限の市場の広がる中国大陸への進出を図ることは、朝日の幹部には罪悪感はまったくなかったろう。軍部の手先として国策新聞に乗り出すことには民間新聞としての抵抗なり、躊躇の気持ちがあった。それよりも経営幹部のホンネはその経営リスクは大きいと判断したことにあった。その点ではA〜Cの各証言に共通に出てくる桐島龍太郎の20万円の出資は渡りに船であった。旧型印刷機などの現物支給と、出世コースから離れた記者、営業関係者などの斡旋で済む安上がりの提携も魅力的であった。

それほど多くなかった創刊時の朝日人脈の記者たち

●ボランティア相談役橋本登美三郎

創刊時の朝日人脈で注目されるのは、戦後の自民党幹事長にまでなり、ロッキード事件で逮捕された橋本登美三郎《とみさぶろう》である。橋本が朝日新京支局の駆け出し記者時代に、関東軍に反旗を翻した馬占山と板垣征四郎参謀副長の会談情報大スクープのきっかけを提供したのは福家俊一であったことは先に述べた。『大陸新報』創刊時に朝日の上海総局次長をしていたので、橋本と福家の関係が深まったようである。橋本が『大陸新報』相談役を兼任したと福家回顧談〔**証言B**〕にある。橋本は編集面で指導するだけでなく、戸叶武など朝日にくすぶる記者の『大陸新報』へのスカウトなど人事面でも福家に協力した。しかしここでいう相談役は朝日本社からの任命ではなく、両者の友情から生まれたものであったことは以下の小林春男や福家の証言からもわかる。橋本は社会部出身者であった。『ひげの代議士二等兵』によれば、福家は東京に帰る度に朝日の美土路や緒方を訪れてはなにかと相談をしていたという。橋本は自伝で上海時代を振り返る際、『大陸新報』やその関係者について何も語っていない。『大陸新報』の創刊時にも、その後の名簿や資料にも橋本の名は出ない。関係者の証言があるだけである。

小林春男の証言

朝日の支社は大陸新報社のとなりにあったので、橋本氏はしょっちゅうやって来た。たいがいは福家氏とふたりで社長室で会談していたが、時には編集部に顔を出すときもあった。戸叶君を始め朝日から移った連中の一人々々と懐かしそうに話し合う橋本氏の印象は、まことに好人物といった感じがした。後年、彼が田中角栄の〝子分〟的存在となり、ついにあのいまわしい疑惑の中心人物となったことが、本当のところ私にはピンと来ないのである。

（『妖怪の系譜』279頁）

橋本登美三郎

福家俊一の証言

社屋が建つ場所は日本租界の入口にあたる市内の西華徳《シワク》路《ロ》。五階建ての大きな製菓工場を買収して一階から三階までを『大陸新報』が使用し、四階が朝日の上海支局、五階が会議室という間取りであった。福家によると、朝日の橋本登美三郎は〝自分の仕事が終わるととんと降りてき

て、うちの新聞を手伝っていた〟そうである。(『日本の地下人脈』135頁)

●戸叶武・戸叶里子夫妻

戦後、妻の戸叶《とがの》里子とおしどりで、社会党国会議員をつとめた戸叶武も小林春男の証言にもでてきたように朝日の出身であった。戸叶は1940年4月に『大陸新報』に移り、政治部長を務めた。論説委員を兼任し、のみならず妻里子も記者であった(『政治は足跡をもって描く芸術である』)。戸叶の追悼集『限りなき想い出』で、元朝日の同僚帷子勝雄は戸叶、猿山儀三郎、帷子の三人が同時期に『大陸新報』に移ったが、「戸叶を大陸新報の当時の社長福家俊一に紹介したのは橋本登美三郎(上海総局次長)であった。私と猿山は斎藤寅郎が紹介」と述べている**〔証言C〕**。1939年7月の朝日新聞社名簿を見ると、前年まで社会部長だった尾坂は編集局参与に昇進し、帷子、斎藤は社会部員であった。猿山は整理部員、戸叶は調査部員である。政治部、経済部という主流派から『大陸新報』への出向者はゼロ。社会部という傍流から流れていることがわかる。美土路昌一の人脈が朝日との関係で強いことがわかる。

前出の小林春男は早稲田大学で戸叶武の二年後輩であった。小林は学生時代、戸叶が学内で浅沼稲次郎(後の社会党委員長、60年安保の年に暗殺される)と行なった〝赤〟の演説を聞いたことがあった。

戸叶以上に『大陸新報』の編集局で強烈な存在感をはなったのは夫人の里子であったと、小林は回想している。

むっつりとしたようすの彼が政治部のデスクで原稿を書いているとき、夫人の里子さんは社会部の記者たちを相手に陽気な笑い声をふりまきながら、その日その日の出来ごとを語るのだった。抜群の英会話を身につけた彼女は、それまで若い男の記者たちが苦手としていた〝川向こうでの取材〟に割りこみ、めざましい活躍をしたのである。〝川向こう〟というのは諸外国人の住んでいる共同租界のことで、日本人地域の虹口《ほんきゅう》側との間に黄浦江《わんぷこう》が流れ、川の上には有名なガーデンブリッジが架けられていた。

あらゆる面に於てこの〝川向こう〟が上海の中心なのであり、国際都市としての機能のほとんどすべてがこの地域で営まれていたのである。それだけに、この地域で取材することは記者たちにとっては最大の目標であり、念願でもあるわけだった。しかし、日本人に通有の〝外国語に弱い〟点に妨げられ、ここで取材することが困難きわまる作業だったのはやむを得ない。戸叶夫人の出現と、彼女の抜群の英会話の実力とが、どのくらい編集局の人間たちを刺激したかわからないのである。（『妖怪の系譜』182―183頁）

戸叶武

戸叶夫妻は1942年4月に帰国する。父親の選挙地盤を継承して栃木一区から立候補するためであったが、翼賛選挙本部から非推薦であったこともあり戸叶は落選した。1944年、興亜総本部輔導部長次いで宣伝部長になったため、戦後公職追放となった。身代わりに戦後第1回の衆議院選挙に立候補した妻里子が当選する。『大陸新報』政治部長の履歴が戸叶武の公職追放にかかわったかどうかはわからない。

●九州支社の関係者

創業時の社長木下猛は創業前の時期に上海支局長であった。木下と上海日報社の波多博社長とは個人的に親しかったため、上海日報社を解体して大陸新報社との合併がうまく運んだらしい（『本社の南方諸新聞経営』所収の元和田斉上海総局長の話）。その功績で予定通り初代社長に就任したが、〔証言C〕にあるように、木下は公私混同の福家とはともにやれないとして10ヵ月で辞職した。木下も初代整理部長の蔵土も九州支社編集局出身者であった。ともに１９３８年８月に朝日を退職している〔証言C〕。取締役編集長の森山喬は朝日南京支局長で早くから福家と協力していた。現役の上海、南京支局長の横すべりは、両紙の関係が創刊当初から緊密であったことを如実に示している〔証言C〕。ただし高給が支給されるとはいえ、朝日でエリートと自負する記者は退職扱いの出向に二の足を踏んだことはたしかである。

木下猛

１９３９年７月に入社した小林春男によると、当時九州弁丸出しでにぎやかに机に向かう〝流れ者〟が編集部に目立った（『妖怪の系譜』１８４頁）。しかし本土から移動する関係者だけでは新聞発行は困難で、『上海日日新聞』から横滑りした児島博のような上海育ちの記者など現地採用者が大多数を占めていた。日本人の総員は１９４２年には１３７

人であったが、1944年には1447人となった（各年『支那在留邦人人名録・中支版』）。もちろん日本人に匹敵する数の中国人もいたが、彼らは『新申報』の記者の他は印刷や販売などの従業者であった。

●報知新聞関係者

『読売新聞』に吸収された『報知新聞』関係で赤松直昌らが編集幹部の一角を占めるが、彼は美土路の主宰する岡山県人会のメンバーであった（『余の歩んだ道を思ひ出すまゝに』621頁）。朝日幹部では緒方以上に大陸新報社人事に関与した美土路の引きで創業時に入社したと思われ、赤松は広く言えば美土路人脈の朝日関係者であった。赤松は『報知新聞』の部下であった春山泰雄（引揚後『日刊スポーツ』の編集長、取締役）や上野泰雄を招いて『大陸新報』の中堅に据えた。

●営業・印刷関係者の支援

『大阪朝日』から転出した販売部長落合実や名古屋支社の鍋島雄輔ら印刷関係者幹部の人数はわからない。とくに名古屋支社で使っていた新鋭アールホー高速度輪転機二台とオートプレート一台を貸与した創刊時に、鍋島が備え付けに付き添って、そのまま居残り、後に印刷局長となった。広告営業では大阪で瀬戸丈太郎、東京で新田宇一郎の幹部が協力したようだが、人員の派遣は不明である。ともかく福家回顧談〔**証言A**〕にあるように、広告、印刷などの部門が全力をあげて創刊に邁進したことはたしかである。

太田宇之助

●太田宇之助

太田宇之助は昭和初期に上海支局長を経験したが、部長待遇の「東亜問題調査会員とはいうものの、とても閑職なので、今日までしばしば首脳部に対して仕事らしい仕事をやりたいと希望していたのであるが、適当な椅子も与えられなかった」（『現代新聞批判』1940年8月1日号）。ところが支那派遣軍の辻政信の要請で1940年7月から軍の将官待遇の嘱託となり、その後も南京国民政府の経済顧問などで1945年初めまで上海、南京、蘇州などで活動した。同時期の太田の日記には緒方竹虎が72回、尾坂与市が37回も登場していて、太田が朝日本社、上海、南京支局だけでなく、『大陸新報』の幹部と深い接触があったことがわかる。たとえば太田日記に「夜尾坂大陸の招待にて、朝日党と共に恭広にてうなぎの食事」（43年5月3日）、「大陸社が関口君を中心に旧朝日同人を集めて食事」（44年6月17日）とある。とくに『上海毎日新聞』の吸収、中国新聞協会の設立に関して重要な記載を日記で行っている。なお朝日で太田と同じような履歴をたどり、ほぼ同時期、影佐禎昭の梅機関の顧問であった神尾茂の日記には、『大陸新報』も尾坂の名も見られない。

朝日のエリートは政治部記者

朝日とは限らず、各紙には硬派、軟派の派閥があった。それはイデオロギーとか編集方針を超える強さを時に顕在化させていた。緒方竹虎の下で政治部長などを務めた細川隆元は

1958年に出版した『実録朝日新聞』（中央公論社）で社内派閥をこう解説している。

新聞記者になってよく世間から、

「新聞社にもやはり学閥があるんでしょうネ」

と尋ねられた。

どうも入ってみて学閥らしいのがあるような気がしない。専務で後に副社長になった下村海南は東大、緒方竹虎は学生ストライキで東京商大を中退して早大卒、美土路昌一も野村秀雄も早大、鈴木文四郎は外語といった具合に、学校はまったく色とりどりだ。私たちの試験入社では東大が一番多かった。その後私も部長になってから試験委員をやって試験に立ち会っていたが、採用試験で学閥的な色合いは微塵もなかった。

新聞社だけは特殊の新聞を除いてはほかの社会とちょっと違って、学閥関係は全然ないといっていい。そんなら新聞社にはどんな派閥があるかということになる。

紙のカーテンの中も人脈の派閥はつきものでなかなか面倒くさいものだが、新聞社に共通の派閥といえば硬派と軟派の対立である。これは相当に深刻なもので、私もこの深刻な抗争を身をもって体験した。

そうしてこの対立は結局、社内人脈の抗争とも結びついて、ますます複雑な要素を加えることになるのである。東京と大阪の二つに社があって両方で新聞を出しているところでは、これに加えて東京閥、大阪閥というものがあり、これがさらに社内人脈の抗争に拍車を加えることも事実だ。朝日新聞の人的対立、人脈抗争も結局、これらのものが入り乱れて錯綜したものにほかならなかった。

特に朝日は毎日、読売等に比べて硬派の記者が重宝がられるところであった。伝統的にその紙面も政治、経済、外電中心に作られていた。朝日は政治記事で売り、毎日は編集見出しで売り、読売は社会面で売れるともいわれた永い期間が続いたことも事実である。だからどうしても、朝日は政治部中心に動いていった。それにまた大震災の翌年緒方が政治部長となり、その緒方が編集局長となるに及んで、政治部の社内的地位が非常に上っていったことも事実だろう。

硬派とは政治部のほかに経済部、外報部をもふくめての総称である。そうしてその代表格が政治部だ。軟派とは社会部を中枢に学芸部、運動部などを指すが、この場合やはり社会部がその代表格であろう。(中略)

ところが、元来これらの月給外の収入では、政治部が多年横暴を極めて来たので、手当の頭割り額は、同じ外勤部でも社会部の方が政治部より少いというので、政治、社会のパリティー運動などが起きてエライ騒ぎになったことなどもある。とにかく硬派の政治部記者は、〝人殺しや火事場記者と、天下の政治を扱う記者といっしょにされては困る〟といばるし、〝どうも行末は大臣の鞄持ちか、陣笠代議士しか狙っていない癖に、壮士記者などといっしょになれるか〟などとケナす社会部記者との間には、絶えず目に見えたり、見えなかったりする明闘暗闘が続いたのである。

戦争中、終戦直後の朝日騒動も、夜勤料騒動にその端を発していることを思うと、金の問題ほど恐ろしいものはなく、また外目には天下国家ばかりを語っているように見えても、紙

のカーテンの内幕も案外ケチな問題で、角突き合せをやっているものなのである。（細川隆元『実録朝日新聞』23—28頁）

緒方、美土路のコンビで動く1940年頃の朝日では、硬軟の対立は社内騒動を起こすほど顕著ではなかった。社会部も政治部優先を黙認していた。したがって大陸新報社設立への協力は当時の両人にとっても、また上野精一社長や石井光次郎常務など営業担当にとっては歓迎すべきことであった。しかし『大陸新報』への協力関係では、美土路の軟派系列の記者が強かったようだ。政治部出身の記者が多い上海支局では、社会部主流の『大陸新報』を見下すところがあったことは否めないが、本社での緒方、美土路のコンビが安定していたので、派閥関係や対立関係が露骨にはならなかったようだ。

朝日上海支局の陣容

各社は上海支局には粒よりの精鋭を送っていた。大陸の情報の中心は上海であった。新聞聯合社（連合）の上海支局長として1932年に赴任した松本重治は当時の各社の陣容を回想録『上海時代』でこう述べている。

記者として上海に来てから、二、三カ月経つと、競争相手である「電通」「朝日」「毎日」の各支局は、いずれも強豪ぞろいであること、したがって、これでは「聯合」は負けるに定っていることが判った。

「電通」の神子島（梧郎―引用者）君は老練の通信記者であり、「電通」が上海で配布している経済通信が有力であることも手伝って、現地の日本財界との関係が非常に密接であった。各会社、銀行の支店長自身が情報網をもち、それが「電通」の日本への速報を助けたことも、再度ならずあった。「朝日」は、伝統的に中国国民党とその国民政府に対して親近感をもち、中国側も「朝日」に対しては、他紙に比べて、より好意的であった。前支局長の太田宇之助君が中国側に少なからざる友人をもっていたし、現支局長木下猛君も、その伝統的な強みを活かそうと努力していた。その同僚の宮崎世龍君は、間もなく、南京支局長として赴任したが、孫文と親交のあった宮崎滔天の甥でもあり、彼自身中国に情熱を捧げていた有能の記者であった。「毎日」は、達文の鬼才吉岡文六君が精力的に仕事をやっていた。一年ほど経つと、「読売」は、上海支局長として田中幸利君を送ってきた。その誰を見ても、競争相手としては、手強い面々であった。（『上海時代』中公文庫、上巻、100―101頁）。

当初は支局長と称しながらも記者一人のところが多かったが、日本軍の大陸侵略に比例して上海支局は拡充され、各社とも支那事変以降は海外での最大通信拠点となった。朝日では『大陸新報』創刊の頃には局長、局次長以下局員（特派員）五名を数えた。戦争末期には組織も上海総局と格上げされ、出版局などからの派遣もあって、総員は数倍に増えた。その他にも無電係三人、会計・庶務係十一人を擁していた。住所は別にあった朝日西部本社直属の中支朝日社所属の販売、広告係が五人いた（1943年）。

上海支局員、特に局長は同じビルにいたこと、幹部は朝日出身者が多く、編集面、経営面でも密接な関係もあって、大陸新報関係者との交流が深かった。支局を訪ねてきた朝日本社の幹部、他の地域に派遣されて中継地として便利な上海に立寄る特派員への接待にも忙しかった。彼ら幹部以外でも、戦争の拡大で増加する軍の嘱託、兵員となる朝日関係者への目配りも欠かせなかった。さらには政府、軍の要人の応接は情報獲得のためにも軽視できなかった。いわば中国の枢要の地にある上海支局長は名実ともに情報収集の核であった。

ただし橋本登美三郎のように気軽に大陸新報社員と交流する支局員は少なく、多くは同紙を朝日の系列紙として見下していたと思われる。橋本の上司であった白川威海によれば、「われわれ上海支局のスタッフたちも一応は協力の体制をとった」という。（岩川隆『日本の地下水脈』134頁）

六　『大陸新報』の定着

四つの『大陸新報』の発行

　大陸新報社は福家俊一の奔走もあって、発展は目ざましかった。創業半年後の1939年5月27日に『漢口日日新聞』を買収、『武漢大陸新報』と改題して、漢口支社から発行した。8月26日には南京支社から『南京大陸新報』を創刊した。また後のことになるが、北支那軍から中支那軍に徐州の軍管区が変更されたのを機会に1944年1月25日に『東亜新報』の徐州版を引き受け、『徐州大陸新報』を創刊することになる。ともかく最盛期には揚子江流域とその近くの日本軍支配都市四拠点で「大陸新報」という題字の入った四紙が終戦まで刊行されたのである。

『大陸新報』は上海では1944年までは週に2～3日が4ページ、その他の日は2ページ体制であった。創刊時には夕刊を週数回出している。記事、広告ともに多様、豊富で、本土の県紙レベルのまとまった紙面構成を取っている。同時期最も近代化されている海外日本語新聞と思われるロス・アンジェルスの『羅府新報』に比べても、あらゆる点で移民新聞の色彩がない。『朝日新聞』などのベテラン記者の主導で日本的スタイルの編集を行ったことがうかがえる。「東京支社発」「東京電話」といった記事がたまに出るが、「朝日特電」といったものはない。

同盟電が本土、海外記事のほぼ全てである。リスボンやストックホルム、東京などからの同盟電は四紙第1面に共通して掲載されたことが多い。いずれも事件が起きてから掲載されるまでの時間が短い。朝日新聞社貸与の輪転機による印刷は鮮明である。広告は売薬、食品など本土の大手企業が登場する他、地元の商店、旅館、飲食店、病院など居留民にとって生活上不可欠なものが目立つ。

文化欄の充実は朝日の影響かもしれない。日本租界の中心で内山書店を経営する内山完造は本土から上海を訪れる作家や魯迅など上海在住の文豪と幅広い交流を行い、文化欄にさまざまな随想を漫談風に寄稿する代表的な書き手であった。内山は多様な言説を「不偏不党」的に書き分け、権力の介入を回避した。朝刊の学芸欄や夕刊第1面の「現地評壇」などに登場する内山の作品はほぼ九十篇にも上った（大橋毅彦「邦字新聞『大陸新報』瞥見」）。

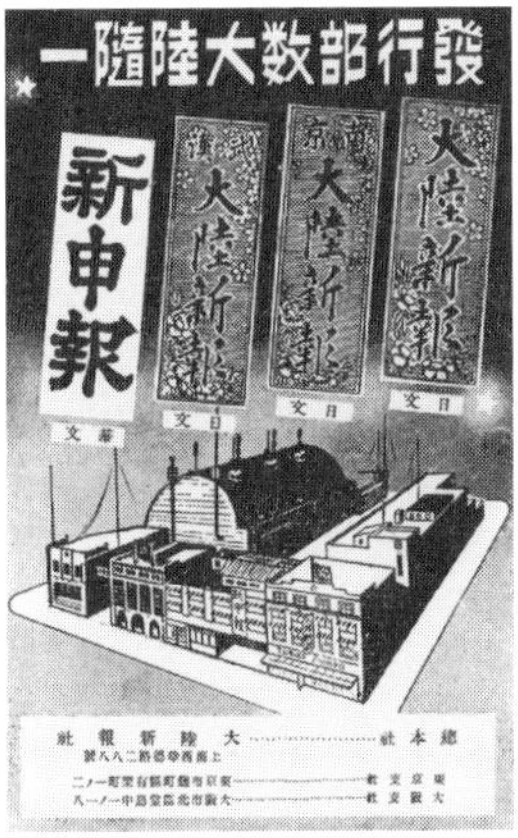

『大陸新報』の威容

『大陸新報』は1939年9月26日の社告で「朝日特約電報」を掲げ、同日から「世界に完備せる通信網を持つ朝日新聞社」から欧米の最新ニュースの提供を受け、四紙に同時に掲載されると読者にアピールした。

報道記事の新鮮さ、豊富さといった朝日色の強調で居留民読者を惹きつけるようになった。それが南京などの版にも徐々に浸透する。ただページ数は『大陸新報』、『南京大陸新報』、『武漢大陸新報』、『徐州大陸新報』の順に少なくなっている。そしてこの順番で記事、広告が少なく、逆に戦況記事の比率が高くなる。一般紙の色合いは弱まり、陣中新聞の性格が強まっている。各紙が独自に社説やコラムをつくることも少なくなかった。また第2面からは地域に密着した戦況記事や文化ニュースが出ている。南京、武漢ばかりか徐州でも専任の記者を雇って独自取材を行い、地元読者のニーズに応えようとしていたことがわかる。その際、軍の報道部の協力があったことは確かである。

『大陸新報』の発行部数

先に引用した福家の戦後のインタビューでは、『大陸新報』の部数は10万部とあるが、これは彼一流のオーバーすぎる数字である。

『上海毎日』を合併した最盛期の1943年1月でやっと10万部に近づいたわけで、彼の在職中は半数の5万部が実売部数ではなかったろうか。次ページの表2の数字は1942年のものであるが、『大陸新報』は上海、南京合計で1万1千7百部程度である。南京国民政府では日本の影響力を強調したくなかったので、実数よりも少なく出したと思われる。「木下本社々長は『……波多前日報社長が本社の精神に共鳴して其伝統と精神を持つて合流されたことを感謝します』と挨拶を述べれば波多前社長は『日報の伝統と精神は大陸新報がそのまま継承いたしました……』」(『大陸新報』1939年1月13日)と創刊時のパーティで挨拶した。しかし『上海日報』の読者が『大陸新報』にそのままは吸収されなかったと思われる。

本土の新聞では大阪毎日、東京日日の毎日系紙の部数が多く、それに比して朝日の部数が少ない。大阪朝日の部数が出ていないのは不思議である。「華中では上海を基地として南京、後

表2 上海・南京地域の新聞発行部数 1942年度

日本語新聞（1日）		華字紙（年間）	
大陸新報	11,700	中華日報	8,060,610
南京大陸新報	5,550	新中国報	1,121,230
上海毎日新聞	10,400	平　　報	1,009,550
大阪毎日新聞	10,400	新申報	89,874
東京日日新聞	9,100	国報	56,266
西日本新聞	5,330	民国日報	1,656,733
東京朝日新聞	2,600	江蘇日報	129,055
読売報知新聞	1,950	庸報	1,592,590
政府公報	2,500	新民報	1,567,500
政府彙報	2,500		

中国国民党宣伝部編「中央宣伝部機構組織及事務職掌系統表」1933年1月
中国第二歴史档案館　全宗号2040－10－2－39

には漢口にまで本紙も進出したが、部数は大したものではなかった。上海には事変前から至誠堂書店が本紙を扱っていたが（850部）他にはみるべきものはなかった」（『朝日新聞販売百年史（大阪編）』1979、415頁）。『大陸新報』は朝日と同じ内容との評価が居留民に強かったからと思われる。なお福岡の『西日本新聞』の健闘が目立つ。上海に多い九州出身者に愛読されていたためであろう。

上海で『大陸新報』がある程度成功したのは、軍の全面的支援と新聞統合による市場独占が背景にあった。たとえば上海日本近代科学図書館は中国人などに日本文化を浸透させるための外務省助成の施設で、上海や日本の雑誌が閲覧に供せられていた。1941年度には延べで中国人3・3万人、日本人2・1万人が閲覧したが、年末の1ヵ月間での1日平均閲覧回数は日本語新聞では『大陸新報』56・4回、『上海毎日』32・4回、『朝日新聞』5・4回、『毎日新聞』4・6回、華字紙では『中国日報』50・1回、『新中国報』40・0回、『新申報』36・6回がそれぞれ上位を占めている（『大陸年鑑』昭和18年版）。日本系図書館の調査という点を割り引いても、日本側新聞への中国人の関心が日本語紙、華字紙双方で太平洋戦争開始とともに高まったことはたしかである。

『大陸新報』は1941年3月3日の社告で、印刷能力1時間10万枚という最新式超高速度輪転機を新設したと写真入りで大々的に発表した。純国産で、内地の一流新聞社が使用するものと同じらしい。発行部数が上昇していたことはたしかであろう。ただし紙不足が深刻になってきたらしく、支那派遣軍総参謀長は10月から2割削減を各紙に通達している。その中で一般華字紙は最大6頁に減らされた。『上海毎日』と『大陸新報』は8頁建てを許されたが、『南京大陸』と『武漢大陸』は減頁ということになった。（「新聞用紙消費節用に関する件」アジア歴史資料センター C04123364900）

『大陸画刊』の発行

大陸新報社は1940年10月から『大陸画刊』という華字の月刊誌を創刊した。終戦まで刊行され、同社は三つの邦字紙、華字紙『新申報』と並んで同誌を五大紙の一つとして宣伝していた。毎日新聞社が発行する記事中心の『華文大阪毎日』とほぼ同じサイズであったが、タイトルからわかるように『大陸画刊』は写真中心のグラフ雑誌であった。『朝日新聞出版局史』

によれば、『アサヒグラフ』の編集部の栗林茂枝が主務者で、岡崎俊夫、那珂敏郎などが同人として参加したらしい（122頁）。創刊当初は大陸新報東京支社が出版者であったが、1944年末になると、大陸新報社の名も、上海の名も出ていない。このままの版が上海に送られ、特別の配布ルート、おそらく軍部のルートで販売されていたと思われる。1943年の1号あたりの部数は3万5千部である。『戦時の新聞統制と本社』（上巻）によれば、終戦直前の用紙割り当ては1万2千ポンドと、『アサヒグラフ』の2倍となっている。用紙が上質で、これも軍によって特配の優遇を受けていたことはたしかである。

わが社は、文化工作並に宣撫機関として、直接眼に訴へる報道写真の威力絶大成るに着目し、幸ひにして支那派遣軍総司令部の依嘱後援をえて、昭和十五年十月を期し、華文『大陸画刊』を創刊した。これは毎月十五日発行の月刊グラフで、体裁は四六倍判、本文平均三十二頁。内容は内地現地の各部面に現はれたニュース写真、文化写真、及び宣伝写真、その他欧州動乱をはじめ世界各地の動きを伝へる報道写真など、すなはち東亜を中心としてそれより全世界に視野をひろげる方針の下に編輯し、これに華文の解説を加へてをり、内容の充実は紙面にあふれる芸術味と相俟つて、まさにこの種グラフとして完璧を誇るものであり、宣撫効果大なるものあるを期してゐる。（大陸新報社編刊『大陸新報社概況』1941年、25―26頁）

東京で印刷された『大陸画刊』

和田斉元上海支局長は「大陸新報が、大陸画刊を出すことに決り、朝日がこれも応援した。昭和十九年には植村陸男氏が、大陸画刊の取材応援のため上海総局員として着任」と述べている（『本社の南方諸新聞経営』213頁）。『大陸画刊』は、報道写真家の名取洋之助が中心となって作っていた大判のプロパガンダ誌『NIPPON』や『SHANGHAI』に比べるとニュース色はでているが、前線の写真はまれである。日本軍支配地区の民俗、世相を映したものが多いため、戦時下の朝日発行誌では、一番軍国調が薄いと『朝日新聞出版局50年史』は戦争への加担の低さをことさら強調している。しかし一見落ち着いた写真ではあるが、宣撫工作の下で成り立っている厳しい現実が紙背にうかがえる。

以下は朝日の上海支局に派遣されながらも、戦況報道に消極的な姿勢を取ったために、戦争末期には『大陸画刊』の仕事を与えられていた須田禎一記者の証言である。

朝日の出版局は、そのころ『大陸画刊』という華文のグラフを出していた。ぼくは太原へ赴任する前から、その取材と編集に協力を頼まれていた。ぼくは〝宣撫〟的な臭気を捨てるべし、と出版局幹部に強く勧告した。そして戦争には無縁の風物をできるだけ集めて送った（印刷は東京でした）。それがぼくのせめてものレジスタンスだった。そういう取材でぼくとコンビを組んだのが、カメラマンのＳ・ミノル君である。陶晶孫さんの郷里の無錫へ行って泥人形の制作工程を撮影したときも、ミノル君同道である。彼は蘇州語や寧波語も達者だったので、ぼくにはありがたいパートナーだった（中略）。ところがある日、そのミノル君にとつぜん現役としての入営通知が来た。

ミノル君は、母は和歌山県人だが、父は広東人だった。日本人の女性と結婚し、その夫人の兄が朝日のカメラマンだった縁で朝日へ入社した（この義兄は戦争初期に従軍して殉職した）。一九四五年の春には、彼のように兵籍のなかった者が〝落穂拾い〟みたいに、十八歳の少年たちといっしょに現役の〝神兵〟にされたのである。（中略）

すると、ある日、支局へ憲兵が現われた。ミノル君が兵営から脱走したという！

憲兵は〝朝日の社員のことですから、十日以内に復隊すれば、なにごともなかったことにしましょう。捜査に協力して下さい〟と言う。それからぼくの顔をジロジロとながめて、〝あなたが須田さんでしょう。本人はあなたを兄のように慕っていましたから、必ずあなたのところへ現われるでしょう。ところで、あなたは手紙に、戦争はやがて終るだろうから、とお書きになっていましたが、どういう意味ですか〟と訊ねてきた。ぼくの投函した最後の手紙は、彼の脱走したあとで兵営に着いたのだ。ぼくは返答に窮した。（中略）

憲兵の去ったあと、支局（総局）の責任者は〝朝日の社員からは多数の応召者が出たが、脱走した者ははじめてだ。軍ににらまれると全社の運命にかかわる。みんなで手わけして十日以内に見つけて兵営へつれもどそう〟と言った。ぼくは腹を立てた。〝十日以内に復隊すればなにごともなかったことにしようという一憲兵下士官の約束がどこまで信用できるか。戦局悪化でヒステリックになっている軍は銃殺するかもしれないではないか。少なくとも朝日が弾圧でつぶされる公算よりも、ミノル君の銃殺される公算の方が大きい。彼はわれわれのところへは現われまいが、万一現われたら、とことんまで逃げろとぼくはすすめるつもりだ〟と強く言い放った。

ミノル君が支局へ現われたのは、八月十八日になってからである。亡父の親戚の広東人をたよって転々としていたのだそうである。彼は第二回の引揚船で妻子の待つ日本へ帰ったが、〝脱走〟の経験をもつ彼に（そして国内勤務の経験のない彼に）朝日の空気は冷たかったようである。居づらくなった彼はまもなく朝日を辞めた。（須田禎一『独弦のペン・交響のペン――ジャーナリスト30年』勁草書房、56―59頁）

朝日の『大陸画刊』や『大陸新報』などでの戦争協力が憲兵隊の脱走カメラマン追及への寛大さを招いたエピソードとして注目したい。『大陸新報』は軍と朝日が背後にいることを隠した二重のブラック・メディアであった。『大陸画刊』の方は発行所を朝日新聞東京本社、印刷所を朝日新聞社と奥付けに印刷しているので、背後の軍部を隠した点では一重のブラック・メディアであったといえよう。

社長の交代――福家社長誕生と桐島龍太郎

時代を巻き戻して、大陸新報社の社長交代劇を見てみよう。1939年10月1日に木下猛から福家俊一に社長が交代した時、両人の挨拶が紙上に掲載された。まず木下は社長在任の満9ヵ月で三紙の邦字紙の創刊、一つの華字紙の併合で「国策言論機関としての陣容を整備」できたことを各方面に深謝するが、「小生著しく健康を害し」、社務を果たせなくなったので職を辞し、「取締役会長福家俊一君を後任社長に推薦」すると述べた。それを受けて新社長としての福家が重役会の推薦を受けたので、大任に耐えられるかどうかわからないが、がんばりたいとの抱負を述べた。

木下の辞任は病気が理由となっているが、その病名はわからない。交代は創刊前から決められた既定路線にのったものであろう。先の『本社の南方諸新聞経営』で、森山喬は木下猛が早く辞めた理由として、福家が公私を混同し新聞を自分のために利用するので、「到底福家とは共にやれない」とやめたと述べているし、美土路もメチャクチャだったといっている。創刊時、つまり木下の社長時代に、業界誌には「木下君は朝日で叩きあげただけあって、上品な新聞人である。温厚篤実の士で、恐らく社員から信頼されていることであろう」（『新聞と社会』1939年3月号）と評価されていた。木下のような朝日人と福家とがしっくりしていなかったのはうなずける。社長辞任後、木下は顧問として『大陸新報』にとどまっていたが、半年くらいで辞職した。神戸新聞社専務取締役編集局長を経て、1943年郷里鹿児島の『鹿児島日報』（現・南日本新聞）社長に就任した。

桐島龍太郎

多くの証言にあるように、20万円の資金を投資した桐島龍太郎が全株を所有していた。後に引用する高橋正雄によれば、桐島は同紙の「持主」となっている。朝日関係者による朝日関係者の社長就任を福家は阻止できていた。現実に福家社長誕生とともに桐島が営業局長兼筆頭理事に就任した。桐島龍太郎がなぜ福家と知り合いになったのか、それはいつの頃か。この疑問を子息の桐島元樹氏や子女の桐島洋子氏に投げかけても、両人とも首をひねるばかりである。わずかに出会いを語っている資料を挙げれば、桐島は「新京の書房」で福家と行動をともにしていた後で『大陸新報』の発刊のためにともに上海にきたというぐらいしかない（鈴木善一『これからの日本―風雪五十年』、292頁）。

桐島は父から莫大な財産を相続してから、勤め先の東京海上をやめ、自由な上海にあこがれて渡航した。評論家の桐島洋子氏は1940年、三歳のとき、母と上海に渡航し、ブロードウェイ・マンションのスイートルームに暮らしだした（桐島洋子『わたしが家族について語るなら』、20頁）。桐島洋子氏は『大陸新報』について父から聞いたことはなく、母が〝福家にだまされた〟と戦後語っていたのを思い出すだけである。金銭欲のない桐島龍太郎は福家を信じ、株主の権利行使や株式の処分を福家に一任していたと思われる。

紙面に躍るワンマン福家の派手な言動

福家が新社長になるや紙面編集や営業活動が派手になった。1939年12月から「週間評論」が新設された。「我が国評論界の権威、伊藤正徳、太田正孝、加田哲二、清沢洌《きよさわきよし》四氏の筆に成る『週間評論』を一週一回本紙上に掲載することになりました。政治、外交、軍事、経済、文化等あらゆる部門に亘り最も時宜に適した題目を捉へこの定評ある四氏の評論は読者諸賢の必読の文字であると信じます」という社告が年末の紙上を賑わせた。そこには言論界のきらびやかな名前が揃っている。伊藤は時事新報の役員をつとめた海軍記者。太田は大蔵省出身で、一時報知新聞社長だった。加田は慶応大学教授の経済学者。清沢は新聞記者出身の外交評論家。四人とも当時の一流文化人である。

１９４０年１月１日には「本社三大事業」が華々しく告知された。

皇紀二千六百年記念の本社三大事業

はるけくも来つるものかな皇紀二千六百年！聖なる高千穂の地に芽生えしてより数へに数へて二千と六百年悠久に宏大に極まるところを知らず。千代に八千代に君が代のしろしめすところ、ここに燦たる、皇紀を迎年して新東亜国民はこぞって聖戦下に祝杯を挙げ、新にして巨大なる発足の第一歩を踏みしめる。ああ厳にして粛、歓喜尽くるを知らぬ皇紀二千六百年！本社はこの聖年に際し、微力ながら記念事業としてこゝに三大事業を発表し、大方の賛助の下に輝く成果を納め大陸に於て皇紀二千六百年を祝賀せんとする次第である。

大陸賞の設定

委員顔触れ

皇紀二千六百年を期し毎年一回紀元節の佳節を期し過去一ヶ年間に於て現地で最も社会的に貢献せる人士を日支両国人の中より選び大陸賞（日名子実三氏製作、日支親善東亜新秩序を表現せる銀製記念品）と副賞金一千円を贈りて其功を表彰す。表彰は銓衡委員会を組織して決定するが其委員に左の七氏に委嘱決定を見た。

支那派遣軍報道部長陸軍大佐　　馬淵逸雄氏

上海在勤海軍武官補佐官海軍中佐　　間　直顕氏

上海総領事館情報部長　鶴見　憲氏
興亜院連絡部文化局長　森　喬氏
東亜同文書院長　大内暢太郎氏
内山書店主　内山完造氏
上海商工会議所理事長、経済学博士　杉村広蔵氏

選考委員の顔ぶれは創刊時からの援助先である陸海軍、領事館、興亜院の幹部と上海在住の代表的な文化人を揃えた申し分のないメンバーである。なお、他の二つの事業は「建国体育大会」と「東亜新秩序早廻り飛行」であった。

１９４０年11月８日に掲載された将棋の木村義雄名人と福家社長との対談では公私混同の発言が目立ち、自己宣伝と手前味噌に満ちた紙面になった。

木村名人と福家社長　談論風発四時間に亘る大対談

（東京支社発）名人挑戦将棋の催によって大陸新報と木村名人は創刊以来のお馴染である。前線将兵諸氏への慰問の一助ともなり、大東亜建設国民同志の伴侶ともなる意味において、将棋を通じてその微意を達したいとの木村名人の熱意によって、大成会の全棋士諸君も本社の将棋には格別の関心をもち、生気と闘志に満ちた大棋譜が生れて居る。

その木村名人と福家本社社長との待望の会見が、過般福家社長の上京を機に双方万障を差し繰つて行はれた。

一夕、約4時間の対談であつたが、一方は大東亜を股にかけて東奔西走する野人憂国の熱血児であり、一方は古今独歩不世出、棋理通天の木村名人である。知己相触れるといふか、期待にそむかず共鳴と論争と、要求と抗議と、怒髪と笑声と、歓声と握手と談論風発、その尽くるところ知らぬものがあった。この対談は皇道の大精神から世界戦争、新体制、人生哲学、親分道、将棋道、酒女、あらゆる話に飛躍、その全部を狭い紙面には載せきれないので、その一少部分を抜萃して此処に紹介してみることとした。（中略）

福家 僕は元来野人でね。酒も呑めば、女も好きだ。思ひ立つたことは何でもやつて見ねば承知しない気性だから、まかり間違ふと何んな大それたことを仕出来すか判らん人間だが、唯一つ、一天万乗の大君を心魂に戴いて、一死以て皇恩に報ずる考へは夢にも忘れたことがない。支那や仏印で、如何なる非命に死ぬときがあっても、八紘一宇の皇国の大理想の一粒として役立ちたいと念願している。そこで木村名人にお願ひがあるのです。木村名人の如く、その名天下に普ねく、その実力は棋界に君臨している有様であるから、その地上により、その実力によって、将棋を通じて普ねく全国民に八紘一宇の大精神を説いて頂きたい。我輩の如き無名の人間が、声を大にして百万言費すよりも木村名人の口から、一言述べて貰ふことが遥かに徹底する意味があるのです。これこそ将棋道に魂を吹き込むことであり、真の新体制だと考へているのですが、どうでせう。

木村 人には各々その持味がありますから、私が直ちに起き上つて日本精神を説いても人がきいて呉れるかどうかは疑問だが、常にその精神は忘れないつもりでゐるし、今後とも私の力の及ぶかぎりに努力します。必ずやります。

福家　僕の考へでは、政治家といはず、軍人といはず、芸術家といはず、少くとも一芸一能に通じて、信念を持ってゐるものは是非とも一つづつの私事を起こし、其道を通じて皇国の大理想を説いて貫ひたいと思つてゐる。これは即ち、新体制は近衛公にまかせて置くのでなく、日本全国津々浦々から近衛公が起ち上つて来る姿だと思ふですな。（中略）

福家　僕の父は関西の俠客ですがね。御時勢で今では廃業してゐます。正月の飾餅を児分一統に分けてやることから始まって生活全体が親分児分、人情でかたまつてゐるところに良い所がありますな。誰の責任だなぞといふことも決して云はんですからな。理非曲直を問はず、児分のしたことは、無条件で親分が引受けるですね。私も大陸新報をやってゆく上に於て父親のこの精神を忘れずに実行してゐるつもりだ。その点、他の会社なぞに見られない全社一体の活動が行はれてゐます。「知事はバカでも出来るが、村長はバカには出来ない」と父親は口ぐせのやうに云つてゐました。精神でゆくといふか、肝で治めるといふか、こ○○○（三字分不明）はなかなか意味があると今でも思ってゐますよ。その意味に於て、一国の責任者が訓示演説を行ふ場合に於ても、一字一句の原稿にこだはって精神の徹底を忘れるやうなことがあってはならないと思ふですな。

福家は紙上で臆面もなく自らを「大東亜を股にかけて東奔西走する野人憂国の熱血児」と紹介させ、「八紘一宇の憂国の大理想の一粒として役立ちたい」と時勢向きのことばを吐き、肝心要の木村名人をそっちのけにして、吹きに吹きまくるのだった。ここでは親分子分の俠客精神で新聞経営に当っているとの発言に注意したい。

左右イデオロギーの被告を採用

●右翼鈴木善一

１９４１年３月３日の１面にこれまた福家の写真入りで、社長南方視察の長期掲載の社告が派手に掲載された。「本社論説委員鈴木善一氏並に事業部長上野祝二氏を帯同」、上海を出発し、インドシナ、タイ諸国を訪問し、さらにインドネシアに向った。その報告記「南方通信」が派手に三ヵ月間紙面を飾る。

「本社論説委員鈴木善一」とは神兵隊事件の首謀者として有名だった。『破天荒一代』によれば、甘粕の頼みで鈴木善一を引き取ったときは、朝日出身のインテリ記者が圧倒的に多い社内では、「大杉栄をぶっ殺した甘粕正彦の乾分であるうちの社長が、こんどは右翼の鈴木善一を召しかかえるとはな。良識を疑いたくなるよ」という陰口が彼の耳にも入ってきたとある（上巻、３４６頁）。神兵隊事件とは、１９３３年７月11日に発覚した右翼によるクーデター事件で、大日本生産党青年部長の鈴木は首謀者の一人として内乱予備陰謀罪で起訴された。結局、１９４１年３月に大審院で全員が刑免除の判決となった。福家は控訴中の人物を甘粕の頼みで創刊時にひきとり、堂々と紙面で彼の名を紹介し、海外視察に同行させていたわけである。鈴木自身が晩年だした自伝によれば、大陸新報社の創立に参画し、主筆、統一局長、論説委員長となり、南京大陸新報社の代表も務めている（鈴木善一『これからの日本─風雪五十年』１８５頁）。『妖怪の系譜』で小林春男は鈴木善一の風貌を次のように描いている。

私が大陸新報社に入社したとき、氏はすでに同社の人で、南京支局の支局長に就任していた。もちろん氏の名前は事件（いわゆる神兵隊事件）のときから知ってはいたが、氏が同じ新聞社の人になっていることは夢にも考えなかった私は、ある想像と期待とをもって氏と会うときを心待ちに待った。

そして、間もなく次の幹部会議に南京からやって来た鈴木氏と始めて面会したが、あのような〝事件〟で世間を騒がした鈴木氏が、意外と思う程やわらかい物腰で、いんぎんに初対面の挨拶をするのには、じっさいのところ意外な感を禁じ得なかった。右翼の闘士として想像していた、いかめしい、武骨な人間とは全くウラハラの、やわらかい言動は、氏の人間的な〝良さ〟を思わせるに充分だったのである。〝素人だから〟という氏の謙虚な態度は、自信過剰人間の多い社内で、きわめていい印象を周囲に与えていたのである。（278―279頁）

児玉誉士夫が大陸新報社を訪ねてきたとき鈴木がいた。児玉の大きな態度を見た鈴木が、「児玉さんとやら……ほんとうの右翼人はそんなものじゃありますまい」と静かな、しかしドスのきいた声で言ったら、児玉は真っ青になって、ほうほうの態で帰ったらしい（『日本の地下人脈』136頁）。鈴木は個人的に東京の大東塾で1939年に現地報告会を行ったとの記録がある（『大東塾三十年史』60頁）。まもなく大陸新報社を辞任し、帰国したようである。

●人民戦線事件被告美濃部亮吉

鈴木善一のような右翼のみならず、左翼の論客たちも福家俊一は次々と迎えている。いや人数では左翼の方が右翼を圧倒している。高橋正雄、美濃部亮吉など戦後の革新陣営をリードする学者たちが福家の庇護の下に入った。

人民戦線事件とはコミンテルンに呼応して人民戦線の結成を企てたとする労農派系の大学教授、運動家が一斉検挙された事件で、１９３７年12月の第一次と翌年2月の第二次がある。美濃部亮吉は第二次に大内兵衛、有沢広巳らと逮捕され、起訴前の取り調べがなされていた（なお美濃部は他の教授ともども１９４４年9月に無罪となった）。

そんなとき福家は、かつてメッセンジャーボーイとして密書を届けたことのある白根松介男爵邸に急に呼ばれた。上海からかけつけたその豪邸には、天皇機関説で指弾された美濃部達吉博士が同席した。人民戦線事件で逮捕され、保釈中の息子の亮吉の大陸新報社への採用を頼むためであった。亮吉は大内兵衛門下の経済学者で、東京文理科大学で教鞭をとっていた。白根の頼みは大内兵衛、有沢広巳、脇村義太郎、高橋正雄、向坂逸郎そして美濃部亮吉を助けてくれというものだった。

「白根はん、天皇陛下が案じておられるのなら、わいはどないなことでもやりま。火のなか水のなか恐れはしまへん。そやけど検挙されて未決にほうり込まれてるものを、どないすれば出してやれまンのか。知恵つけておくれなはれ」

「いま言った若い学者たちを、きみの社の正社員に採用してくれればいいんだよ」

「上海へ高跳びさせまンのか！」

「国策新聞の社員になるということは、支那派遣軍の嘱託になることだろう。召集令がくだったのと同じで、報道班員の待遇になる。そうすれば右翼でも手だしはできんよ」（中略）

「任しときなはれ。美濃部のぼんぼんはわいが命にかえてでも助け出しまっさ」

「やってくれるか！　さすがはごじゃな（無茶苦茶な）奴といわれるだけある。ありがとう！」

白根男爵はさっそく、美濃部達吉が待っているという階下へつれていった。

美濃部達吉は（中略）六十四歳の痩せた体をしゃんと立て直して、

「老骨のわたしのことなどどうでもよろしいが、大内兵衛君や有沢君や脇村君のような立派な少壮学者を失うことは、日本の学界のために惜しいことです。こういった人たちは残さなくてはいけません」

という意味のことをくりかえした。

息子の亮吉のことをオクビにも出さなかった。たみ夫人も両手を合わせて涙をためて、

「……俊さん助けてあげてよ、お国のために尽くしてよね」

消え入るような声で呟いていた。その姿には白根邸をサロンにしていたころの、上流夫人のはなやかさはなかった。追いつめられたみすぼらしい老夫婦のように哀れだった。

「先生……奥さん……ひどい時代になりましたなあ」

俊吉も涙を誘われそうになり、腹の底から憤りをおぼえ、鼻水をすすると一礼して立ちあがった。わいはネズミになったるで、と自分に言い白根邸の美しい庭を睨みつけた（『破天荒一代』上巻、350―352頁）。

『破天荒一代』の記述を信じれば、福家は陸軍、海軍さらには法務省の責任者を日数かけて説得し、少壮学者グループの保釈にこぎつけた。美濃部亮吉、脇村義太郎、向坂逸郎は大陸新報東京支社勤務ということにし、月給は本代として支払ったという。たしかに美濃部は『大陸新報』の記者になったが、記事は東京から送ればよかった。また国策新聞の記者として美濃部らは徴兵免除の特権を賦与された（ローラ・ハイン『理性ある人びと　力ある言葉─大内兵衛グループの思想と行動』83、243頁）。

しかし残念ながら、美濃部の実名の入った記事は見当たらない。美濃部はその時代を語ったものを一切残していない。

●人民戦線事件被告高橋正雄

人民戦線事件で同じく逮捕された九州大学助教授の高橋正雄は、有沢広巳の紹介で大陸新報記者の職に就いた。その際に裁判長が特別の配慮で、保釈中の治安維持法違反容疑者としての高橋の上海行きに許可を与えた（高橋正雄『八方破れ・私の社会主義』196─197頁）。その裁判官はかつて桐島家の書生をしていた関係で、桐島龍太郎に有沢や高橋の就職先を相談したらしい（『日本の地下人脈』141頁）。1942年の大陸新報社財団法人化の時点では、高橋は編集局顧問となっている（121頁）。右翼の鈴木善一の名はすでに退社していて見えない。ともかく高橋の採用で左右のバランスはとれ、インテリ記者の不満は多少おさまったかもしれない。高橋は上海で1940年から4年間、大陸新報の嘱託であった。「民族資本の話」という大論文を

1941年1月1~3日に掲載するなど、経済論説でインテリ読者を喜ばせた。他の左翼論客とちがい、高橋自身、大陸新報時代のことを何度もなつかしく振りかえった文章や談話を残している。高橋にとっては、上海の職場はすごく居心地のいいところであった。

上海での生活も楽しかった。

上海はまだ国際都市だった。裁判長が心配するはず。百鬼昼行である。九大出身の中国人には、ノンポリもいるが、共産党派も国民党派もいる。汪兆銘派もいる。そういう人たちとも会う。日本では国禁になっている出版物や雑誌もある。私はトラ年でなくウシ年だが、これでは牛を野に放ったことになる。牛らしく、「漢文」の『資本論』などをみて悦に入っていた。

百鬼あつかいしてはわるいが、大杉栄の演説会でいっしょだった奥田は、通産省から出向の興亜院か大東亜省の参事官で上海にいた。やはり仙台二高の同期で、早く共産党の幹部になり、早く卒業した門屋博が中支派遣軍総司令部の顧問だった。私の社会的格づけをきめるうえでこの二人はありがたい存在だった。ハンブルクでいっしょだった小宮も上海にいた。

実質的な意味で百鬼のなかの傑物は、大陸新報社長福家俊一と小森武記者だった。福家は二五歳ぐらいだったが、豪傑。昭和五四年の総選挙で何度目かの代議士になった。福田派とか。いまも「大陸会」でときどき会う。大内と同じ淡路島出身。大内と福家が会うこともあった。大学教授などという人種はにが手だ、しかるべくあしらっておけ、という指令が小森に。こうして、小森と私とのつき合いが始まった。大学教授は、おそらく小森が好きでない、あるいはバカにしている人種のAクラス。しかし、小森は何から何までめんどうを見てくれた。家族ぐるみの交際がもう四〇年以上もつづいている。小森といっしょのときは、私は「思考停止症患者」になる。(中略)

大陸新報での私の地位も仕事も「大陸的」だった。毎日、出社、編集部に顔は出す。温厚で学者でもある児島編集長の隣りに私の椅子。みんなと四方山話はするが、みんな忙しい。改まって講義といったことなど、とてもである。私のほうが吸収するだけ。それでもだんだんにコラムか、解説みたいなものを見よう見まねで書くようにはなった。

昭和一六年一二月八日、私はいつものようにのんびり出社した。大東亜戦争はすでに始まっていた。「活字にならなければ、先生には歴史は始まっていないんでしょう」と若い記者諸君から冷やかされた。

中国における日本側の物資調達――実は略奪――について何か書いた。主として農産物を安く買いたたいている。「見返り物資」もロクに補給しない。信用もなく「価値」も低落する一方の傀儡政権の紙幣で代金を支払う。そういうやり方では長つづきはしない。中国人は離反するばかりだ、といったことを、もちろん、やわらかないい方で書いた。横浜正金銀行には、ロンドンで親しくなった堀江薫雄などがいた。木内信胤もいたと思う。その人たちが私の論文をほめてくれた。それやこれやで上海にいた岡崎嘉平太とも話をするようになった。岡崎からは国際的な「国士」という印象をうけた。

上海憲兵隊から呼び出し。お前は利敵行為をしている。「転向者」ということになっているが、われわれは信用していない。お前が書くものの真意ぐらいはすぐわかる。現地は内地とはちがう。警察だの、検事だの、予審だの、裁判だのとシチめんどうな手続きは踏まないんだぞ。――それまでに大陸新報社で元憲兵大尉甘粕を見ている私、ふるえあがったにちがいない。

このときの憲兵さんとは、あとで、仲よしになった。いまでも年賀状を交換している。

(『八方破れ・私の社会主義』198―200頁)


高橋は自分や美濃部を社員として受け入れてくれ、権力からの監視や追及を回避でき、生活保証と兵役免除をくれた福家は「百鬼のなかの傑物」であったと褒めあげている。福家の裏面については甘粕の一党であることは把握しているが、それ以上の詮索はしていない。別の所でも、「社長は去年亡くなった福家俊一氏、三十歳になっていなかったと思います。大の豪傑」と賛美している(『二十世紀の群像―高橋正雄の証言』70頁)。

●小森武――美濃部都政を牛耳った男

この高橋の回想に福家と並んで「傑物」として出るのが小森武である。小森は美濃部亮吉が都知事時代、和製ラスプーチンとして都政を牛耳る男として注目された。小森記者は1944年には『大陸新報』北京駐在員として、当時朝日記者の須田禎一と北京で会っている(『たいまつ』臨時増刊号『須田禎一・人と思想』1974年3月)。小森の戦前、戦中の履歴については、内仲英輔、坂東英彦「美濃部都政―その到達点と限界」(『朝日新聞社調査研究室(社内報告179)』)が参考になる。

府立豊島師範4年在学中の昭和5年、教諭退職事件に端を発し、「寄宿舎の自治確立」「校長の公金使途追及」をめぐって起きたストライキ事件を指導、放校処分となる。ストは、当時帝大生の帆足計、水戸高生の宮原誠一らが援助しており、この関係で中退後、帆足らがかかわっていた新興教育運動に参加、日本労働組合全国協議会（全協）のオルグとして日教組の前身ともいうべき日本教育労働者組合の結成にもかかわった。

昭和10年には、「帝都日日新聞」（野依秀市社長）に入社、荒畑寒村らが担当していた「満州年鑑」の編集にタッチ、同14年、野依に随行して満州、北支、上海に渡る。ここで、元帝都日日の編集長をしていた南京政府経済顧問・門屋博（島野武仙台市長の実兄）の紹介で大陸新報社長・福家俊一（元自民党代議士）と対面、いったん帰国したあと同新報に記者として入社した。その後、同社には、人民戦線事件で逮捕された九大助教授・高橋正雄が論説担当の嘱託として入社してきた。福家は、大陸に渡る前から宮内次官・白根松介宅に出入りしていたが、白根夫人と美濃部の母親とは親交があり、高橋の入社は、こうした人脈を通じたものだった。

同社で小森は、社会部長、論説委員、北京駐在員などを勤めたが、高橋とはこの間に親交を深め、南京政府・汪兆銘との単独会見をアレンジするといったエピソードも残っている。当時、上海には、戸叶武、武田泰淳、堀田善衛らがおり、親交があった。また、福田赳夫は南京政府財政顧問として、児玉誉志夫も、外務省情報部嘱託などとして上海に在住していた。福田らとは当時、親交はなかったが、高橋、そして、福家との親交が、のちに美濃部都政と深くかかわる源流であった。（90頁）

小森は上海の社会部ないし学芸部記者で、同僚の立ち入らない世界で、独特の感覚で取材していた目立たぬ記者であった。桐島龍太郎の小森武観は手厳しい。

当時の小森君は編集局内ではチンピラのようなもので、いたのかいないのか、どのような仕事をしていたのかも記憶にない。『大陸新報』に来るまでの前歴が野依秀市の『実業之世界』にいたのだというから、まあ相場はきまっているといえよう。小森君が戦後に蔭の実力者といわれるようになった発端は、高橋正雄さんにくいついたことからだ。かれは高橋さんを通じて大内兵衛さんはじめ経済学者たちに縁をつけた。美濃部さんもそういうグループの中に入っているところから小森に利用されたのではないか。私は美濃部さんを心情的に応援したい一派だが、小森君のような男を周囲においたのは美濃部さんの失敗だったと思う。

（『日本の地下人脈』 142頁）

興味深いのは、偉い人に取り入る点で、福家と小森は共通していることである。

七　華字紙の世界

抗日華字紙支配の上海新聞界

日本の侵略に対する華字紙の反発批判は第一次上海事変から強化された。日本側が皇室問題に最も敏感であることを知った中国側は皇室批判報道で日本側の神経を逆なでにした。

不敬通信掲載　厳重抗議提出　大美晩報　U・P通信社　遺憾の意を表明

今9日本紙朝刊掲載の英字紙イヴニング・ポスト（大美晩報）の我皇室に関する不敬問題は果然各方面にセンセーションを惹起し、我当局は直に厳重なる抗議を提出した結果、該不敬通信の提供者たる米国ユナイテッド・プレス上海支局長モリス氏並びにイヴニング・ポスト社編輯長サッカレイ氏は我当局に対し誠実をこめて遺憾の意を表した。なほ我当局はその他各関係方面にそれぞれ深甚なる注意の喚起を要求し、今後かかる事件の再発を根絶すべく機宜の措置をとった。（『上海日日新聞』昭和8年12月10日付け夕刊）

第二次上海事変以降、日本軍は上海ばかりか南京までの華中を軍事的に実効支配したが、各地の租界では治外法権が継承されていた。上海報道部は以前と同様に対租界工作や対外宣伝を弱めるわけにはいかなかった。従来国民党が行っていた租界内の検閲拠点である新聞検査処を日本軍が接収し、検閲機能の拡大が一見進行した。しかし英米所有のメディアはむろんのこと、英米籍に移した抗日の華字新聞の廃刊やラジオの廃業を強制できなかった。抗日のメディアほど中国人読者の人気が高く、部数も増えた。華字紙の大部分は抗日紙であった。親日メディアへのテロが続いた。記念日になると、南京路で日本側を一番いらだたせた不敬記事の新聞や皇室誹謗のビラがまかれ、英米租界では社会主義賛美のソ連映画も上映されていた。

日本側は取締り権限を持つ工部局へ執拗なクレームを行った。次はその一つである。

事変記念日を控へ　抗日言論を完封　工部局　我要請に応う

租界を最後の防塞として孤島上海に辛うじて余命を保つてゐた抗日言論機関もすでに民衆に見放され停刊、廃刊続出の有様で、これに代る新しい東亜新秩序に即応せんとする気運が醸成されつつあるが、尚一部には民衆から隔離した職業的抗日運動を固持するものもあり、七月七日の事変二周年記念日が近づくにつれ、これ等の言論機関の態度は厳重警戒すべきものがあるので、これにつき三浦総領事は去る二十九日付の書面を以て市参事会議長フランクリン氏に宛て七月七日の支那事変二周年に当たり従前の例に鑑み、テロ頻発を煽動教唆する如き漢字紙に対し取締を厳重にせられ度き旨を要請した。フランクリン議長はこれに対し昨三十日付書面を以て日本側の申入れの趣旨を諒承し、早速各漢字紙に警告を発した旨の回答を寄せた。（『大陸新報』1939年7月2日付け夕刊）

しかし工部局は日本側の苦情を受け付け、抗日紙に取り次ぐだけで、報道の転換を強制することはなかつた。次はその二年後の記事である。

誹謗記事で再抗議　まづ工部局陳謝　米側問題の雑誌回収

チャイナ・ウィクリー・レヴュー誌のわが皇室に対する不敬事件は第二の新生事件として各方面から重大視されてゐたが、二日の正気報、中芙日報等の敵性華字紙がこれに関する記事を掲げ、ウィクリー・レヴュー誌の本文を記載するに至つたので、陸軍報道部長秋山中佐は松田少尉を得同三日午前十時半再び工部局警察本部にボーン警視総監を訪問、ウィクリー・レヴュー誌の不敬記事が問題になつてゐる矢先、租界の敵性華字新聞のかかる行為は皇軍とし黙過し得ないと工部局警察の責任を追求した。これに対しボーン警視総監は問題の記事が華字紙に掲載されたことを見逃したのは全く工部局の手落ちであるとアッサリその非を認め、今後かかる事の再び惹起せざるやう万全の方策を処する旨を言明し、わが方の諒解を求めた。一方当のウィクリー・レヴュー誌に関しては日米総領事館と当局の間に逐次に亘つて折衝が行はれた結果、アメリカ側はかかる事件の発生したことに対して遺憾の意を表し来り、ウィクリー・レヴュー誌発行名義人兼編集者J・Bパウェル氏も不敬記事掲載の責任を認め自発的に同誌二十一日号を回収するほか近く何等かの方法によつて陳謝する旨を申し出た。（『大陸新報』1941年7月4日）

日本側では徐々にテロで抗日派をたたくことに力点を置くことになった。ついには双方の陣営による相手新聞へのテロ攻撃合戦にエスカレートしていく（本書「十一　特務機関と新聞」参照）。

軍直営時代の『新申報』の不人気

検査処や監督処による取締りが消極的な対応であったのに対し、対日協力姿勢を示す中国語メディアの育成は積極的な中国民衆対策であった。その代表は陸軍報道部が直接創刊にかかわった『新申報』である。

上海事変勃発当時、上海には大小三十近い華字紙があって、猛烈な抗日的態度を示していた。「口では日本帝国の真意を支那人に闡明《せんめい》すると云つても、日本の考へを支那人に知らせる手段なく、戦闘には勝ちながら敵側の戦勝デマを拱手《きょうしゅ》して見て居なければならないといふ有様で、華字によつて支那人に呼びかけるべく、日本側の手によつて華字紙を発行するといふ事が絶対に必要であつた」と馬淵逸雄は『報道戦線』（223頁）に書いている。

そこで『上海日日』が発行していた華字紙の工場と人員を買収し、軍直営とした（『日中戦争対中国情報戦資料』第3巻、261頁）。一流の華字紙である『新聞報』と『申報』の文字を併せ持った『新申報』という名で、上海戦線で日中軍隊が死闘をくり拡げていた1937年10月1日に軍報道部自身が刊行することになった。南京、蘇州、上海等の中国人要人に宣伝用に郵送したが、「このような非愛国の文字を見るに忍びず」と朱書して返送してきた者があった。そこで飛行機によって中国の戦線に撒布し、抗日将兵に日本のニュースを読ませようとしたという。南京事件の現場には『新申報』が毎月送られ、各主要道路に貼り出され、「南京の市況は完全に回復し、万民は喜びわいている」と伝えていたが、「『新申報』の恥知らずなデマはたとえ小さな子どもにさえも荒唐無稽だと思わせるほどであった」という。（南京事件調査研究会編訳『南京事件資料集②中国関係資料編』226～227頁）

従軍記者で上海事変直後の租界を見た劇作家の岸田國士でさえも『新申報』は、この租界ではさっぱり売れないと述べ、それは「民衆が自発的に読まないのではなく、漢奸の名を着せられることを懼れているのだ」（『従軍五十日』創元社、1942年改装版、220頁）と書いた。

また馬淵逸雄報道部長の同僚であった木藤知文は、『大陸新報』の方は配布に困却しなかったが、華字紙の方は配布に非常な苦労をしたという。

もし「新申報」など支那人が読んで居ると「漢奸」と呼ばれて迫害を蒙るので、販売など夢にも見る訳には行かぬ。占領地だけは子供に無償で与えてこれを売らせ、英仏租界には夜間竊《ひそ》かに自動車で街路に撒布をし、遠くへは密封して送付するなどした事を覚えて居る。

それでも対支宣伝が思わしくないので、当時報道部であった万歳館の屋上に毎日の占領地点を書いたアドバルーンを揚げ、英租界の支那人に遠望せしめたり、或いは飛行機から伝単として撒布したりなどした。（『紙弾』126頁）

東亜同文書院の久重福三郎教授が『新申報』創刊時に副社長格で入り、半年間で百回の論説を書いた。また久重教授の教え子の『上海日報』記者日高清磨瑳が1938年6月から編集局長となって、紙面を変革し、中国人社員を統率した。もちろん軍は補助金を出して『新申報』の育成に努力していた。『大陸新報』に吸収される前の『新申報』時代では、日本軍の支配力が比較的強い一部の地域では、宣撫活動や日本語教育に同紙が活用されていた。たとえば上海郊外の江蘇省の嘉定宣撫班では3万人を対象に日本語学校を開き、日本語テキストとして使用している。また新聞を宣伝用に独自に発行したいと計画しているが、資金不足のため『新申報』を宣伝用に配布していた。（「江蘇省嘉定宣撫班工作資料」１９３７年12月13日～１９３８年４月10日、防衛研修所戦史室所蔵）。

大陸新報社からの『新申報』の発行

『社史』にある『新申報』に関する記述は「大陸新報社は、現地軍報道部が発行していた華字紙『新申報』を合併して姉妹紙とした」とたった1行である。先の『大陸新報』創刊号での板垣陸相の祝辞に「貴社は更に近く漢字英字の両紙を発刊し、中南支各地に配給せんと企画して居る」とある。華字紙『新申報』は予告通り１９３９年４月29日に大陸新報社に合併された。その日の『大陸新報』の社告は「新申報併合宣言！　興亜の大理想へ躍進　本社の威力漢字紙並行発刊」との大見出しの文章を掲げた。一方、同日の『新申報』には別掲写真の社告が一面トップに掲げられた。

自主経営が困難とされながらも、『新申報』の刊行を重要視する現地軍は月額一万円の援助を継続させながら、大陸新報社との合併で、自立化を図っている。（「大陸新報補助金ニ関スル件」同年3月29日付け、C04123364900）

『大陸新報』が日本人向けの言論機関であるのに対し、『新申報』は「支那民衆の指導的啓蒙機関」として位置づけていた。この併合は日本人と中国人の「精神的理解融合」をめざし、

「興亜の大理想建設の文化的一翼を担任」すると締めくくっている。陸軍の馬淵逸雄は大陸新報社に経営を移管した理由として、「販路は上海のみならず蘇州、杭州、南京等江蘇、浙江各地に及び、購読者も一万以上に達し、社業の基礎は固まったのであるが、更に之を本格的に一大華字紙として発展させる為には、軍直営の形より民営のしかも専門家に委託する方が適当」と判断したという（『報道戦線』228頁）。しかし次の久重福三郎の回顧の方が正直である。

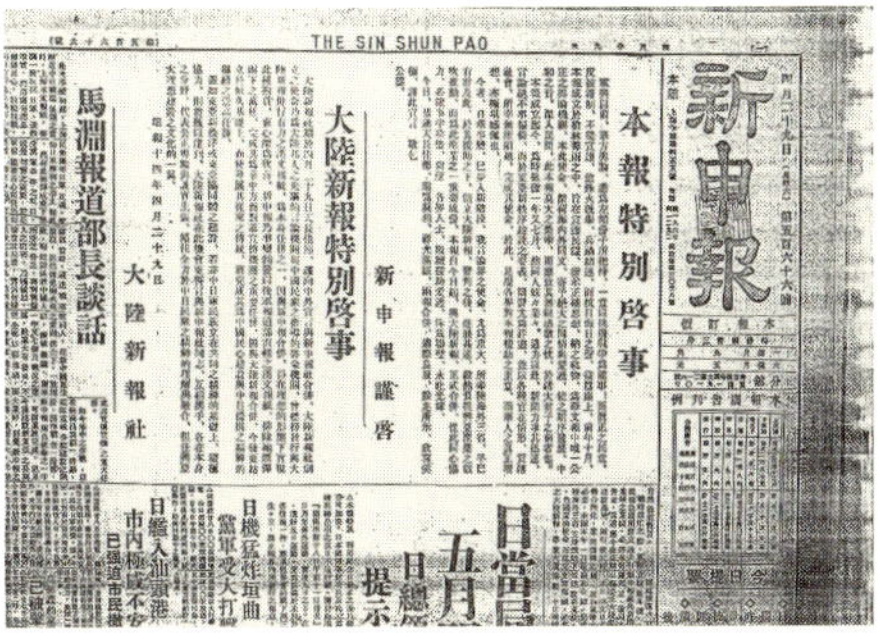
THE SIN SHUN PAO

新申報

本報特別啓事

新申報謹啓

大陸新報特別啓事

大陸新報社

馬淵報道部長談話

『新申報』

1943年刊の『紙弾』（97〜98頁）に出た久重の回顧談の一部である。

営業方面は楽でなかった。創業以来営業部長山本保君の東奔西走により発行部数の増加は可なり著しいものがあったが、収入は兎角意の如くならず、軍から出る○万円を除き、あと一万数千円を稼ぐことは容易でなかった。しかし時に昼夜兼行で陸海軍の各種宣伝物を印刷することによって得られる収入などもあって、どうかこうか赤字は出さずに済んだ。

かくて「新申報」は一歳ならずして軌道に乗り、長江下流一億の民衆を我が方に引入れるべく重大なる任務を負うて驀らに進まんとしたのであるが、幸か不幸か、軍の都合により、誕生したばかりの大陸新報社に移管されることに決し、十四年四月二十九日天長の佳節をトして、馬淵報道部長指図の下に私の手から大陸新報社長福家俊一君の手に引渡されたのである。思えば軍直轄一年三ケ月、多事多難の中にもよく成長し、既に一万五千の発行部数を示し、数十の抗日紙を向うに廻して堂々の戦いを進めていたことは今以て愉快な思い出である。それと同時に労苦を共にした「新申報」同人の心からなる協力に対しては、また誠に感謝の念禁じ得ざるものがある。

ともかく移管は完了した。『新申報』編集者だった中尾圭一郎の話が『本社の南方諸新聞経営』に出ている。

『新申報』には日高以下日本人三人、あとは中国人が二、三十人いた。発行部数ははじめ十万部、のちには二十万部を越えた。軍が優先的に紙を回したので、他の漢字紙の「大陸報」や「申報」などが、二ページ新聞なのに「新申報」は毎日四ページから八ページと分量が多い。しかし記事は東京からの政治経済ニュースを翻訳したもので、中国人になじみが薄いものだから中国人に魅力はなかったと思う。ただ、この紙面を通じて軍の方針、考え方を知ることができるという便宜はあったわけだ。軍がトラックで奥地へ運んでくばったりしたから部数も伸びた。しかし新申報の魅力は実は、この新聞紙が農村で果物などの虫除けの包装紙に非常に役立ったことの方が大きかった。ページ数が多く、石油のにおいが強いから果物などの虫除けには非常に重宝だ。新聞を一寸読んであとはこれに使う、ということのようだった。それもあって、とくに農村に大歓迎だった。邦文の大陸新報は在留邦人と駐留軍の数に

限度があるので、あとになっても格別に伸びはしなかった。（212頁）

中尾は当初10万、その後20万に増加したという。馬淵によれば、『新申報』は汪精衛政権が確立するとともに、「和平親日」の中国人に愛読され、その発行部数は約8万を数えるほどに発展したという。業界紙は実状を次のように伝えている。

上海の大陸新報大石販売部長は三十日上京したが、一日往訪の記者に対し同地新聞界の実情を次の如く語った。

「大陸新報は目下兼営の漢字紙「新申報」の拡張に全力を挙げている。内地の新聞は愈よ拡張ストップになつたやうだが、上海では何処までも積極策を以て臨まねばならぬので、租界は勿論支那民衆に対し是非とも同紙を普及せしめねばならぬ建前から半ば強請的とも云ふべき軒並み拡張策を樹立して当つている訳である。用紙は統制されてはいるが、併し内地ほどの窮屈さはないので、抗日紙の牙城を衝く意味からも此の種の拡張工作は是非必要であり、又その結果同紙は今や全支第一の部数を出すに成功している」

（『文化情報』1941年10月2日）

しかし75頁の表2にあるように、部数は低迷し、とくに印刷部数と有料部数との落差は極端に大きかった。福家や馬淵の語る数字の8割は宣伝用に配布された無代紙の数字と見てよかろう。とはいえ、中尾の話にあるように、数億の中国人を対象とする華字紙の場合、無限の潜在読者があった。その購読の効用は「石油のにおいが強いから果物などの虫除け」になるだけでも、読者の限定された『大陸新報』を凌駕する可能性を秘めていた。それでも日本軍や汪政権への人気や支持が部数を規定していたので、有料読者の増加はなかなか難しかった。『大陸新報』とは違い、タブロイドの大衆紙で、上海以外では発行されなかった。

1938年秋、漢口占領の二日後、日本軍は華字紙『武漢報』を創刊した。新聞に必要な機材をもって進軍していたらしく、宣撫のために漢口の戦況を速報した（『日中戦争　対中国情報戦資料』第3巻、266頁）。『大陸新報』の論説や記事は上海の外字紙や華字紙に翻訳され、影響力があったが、中国民衆への直接的な浸透力では華字紙に優るものはなかった。また華字紙の印刷所は新聞発行以外にも、宣撫用のビラやポスターの随時発行に重宝であったのは久重福三郎の回顧談にある通りである。

英字紙の立場

国際都市上海は英字紙の活躍する舞台であった。英字紙の読者は共同租界を中心に限られていたが、インテリ層に愛読された。また各国の中国政策や国際情勢を知る上でも、中国人や日本人にも読まれた。なによりも世界各国から派遣されたジャーナリスト、外交官だけでなく、彼らの母国で読まれていたので、国際世論やプロパガンダのために重要であった。

大陸新報社が出版していた『大陸年鑑』には、その視点から英字紙がいくつか紹介されている。

ノース・チャイナ・デイリー・ニュース紙

イギリスの現在国策新聞であり、上海における最も古い外字紙だ。その社説はつねに極東問題に関するイギリス国策の代弁といわれる。事変以来、一時は非常に反日的だったが最近はヨーロッパ大戦に引続き、日英関係の局面打開にともない、とくに意識的感情的な反日記事や社説は少なくなっている。最も権威ある外字新聞である。なお週刊として、ノース・チャイナ・ヘラルドを発行。英国籍、発行部数一万五千。

チャイナ・プレス紙

デイリー・ニュースが上海外字紙界におけるイギリス型を代表するのに対し、チャイナ・プレスはアメリカ型ジャーナリズムの典型的代表であり、重慶政権と背後的に密接な関係にある。そのため全紙面にわたり反日色とアメリカ依存性が現れている。デイリー・ニュースと並ぶ上海の有力外字紙ではあるが、その記事に対する一般読者の信頼性は前者と比較できないほど低い。

シャンハイ・イヴニング・ポスト紙

華字紙の大美晩報及び本年七月下旬自発的に停刊した大美報と同一系統の経営にして、重慶政権の財政的、人的補助を受け反日反汪の記事や社説がその紙面に氾濫している。主筆のゴールドはそのため南京政府から支那領土からの追放を命ぜられた。また同社はこの一年間に数回テロ団に襲撃され、フランス租界の同社周囲はトーチカやタンクで四六時中護衛されている。（『大陸年鑑』１９４１年版）

ノース・チャイナ・デーリー・ニュース紙やチャイナ・プレス紙など英米系の新聞の多くが

太平洋戦争勃発後まもなく上海全体を支配した日本軍によって発行禁止となって、休刊ないし廃刊となり、その記者、従業員は共同租界に強制収容された。日本側の英字紙はすぐには創刊されなかった。ようやくパールハーバー直後、アメリカ籍のThe Shanghai Evening Post and Mercuryが接収され、The Shanghai Evening Postと改題され、陸軍報道部が直接指導管理する唯一の英字紙となる（『新聞総覧』昭和18年版）。改題されても、同紙の英字紙としてのパワーは弱かった。また大陸新報社とは関係はなかった。

なお上海の租界は極東の国際的拠点都市であると同時に多言語・多文化・多イデオロギー空間であった。とくに孤島期といわれる1937年―1941年の時期には、少部数ながら多言語、多集団のメディアが花咲いた。たとえばロシア語の新聞にはソ連政府系、反共ロシア白系、穏健ロシア白系の少部数のロシア語新聞が競合していた。またユダヤ亡命者の新聞が出身地ごとの言語で誕生する一方、ナチス系ドイツ語新聞も存在した。とくに支那事変から1941年末までのこれら国際メディアの世論形成に及ぼす力学を、日系紙研究においても軽視できない。

八　朝日新聞の中国への高まる野望

ブラック『大陸新報』の出現

プロパガンダ戦では、こんな珍妙なことも起こっていた。

1940年5月21日付けでマニラ日本大使館の吉田丹一郎総領事から上海の三浦義秋総領事に届いた機密公文書には、『大陸新報』という名の排日新聞がマニラの郵便局の消印で、日本人や日本商社あてに郵送されているとある（アジア歴史資料センター B05014004000）。その書簡には4頁建ての3月31日付け夕刊の『大陸新報』が添付されていた。その日付け（発売は前日）の本物の『大陸新報』夕刊には汪兆銘政権が南京に成立した祝典記事が派手に掲載されていた。ニセの『大陸新報』夕刊は1面に軍部人事の記事や広告、2面に社説、経済記事、3面に家庭記事、4面には座談会と広告といったようにいつもと変わらぬ夕刊の構

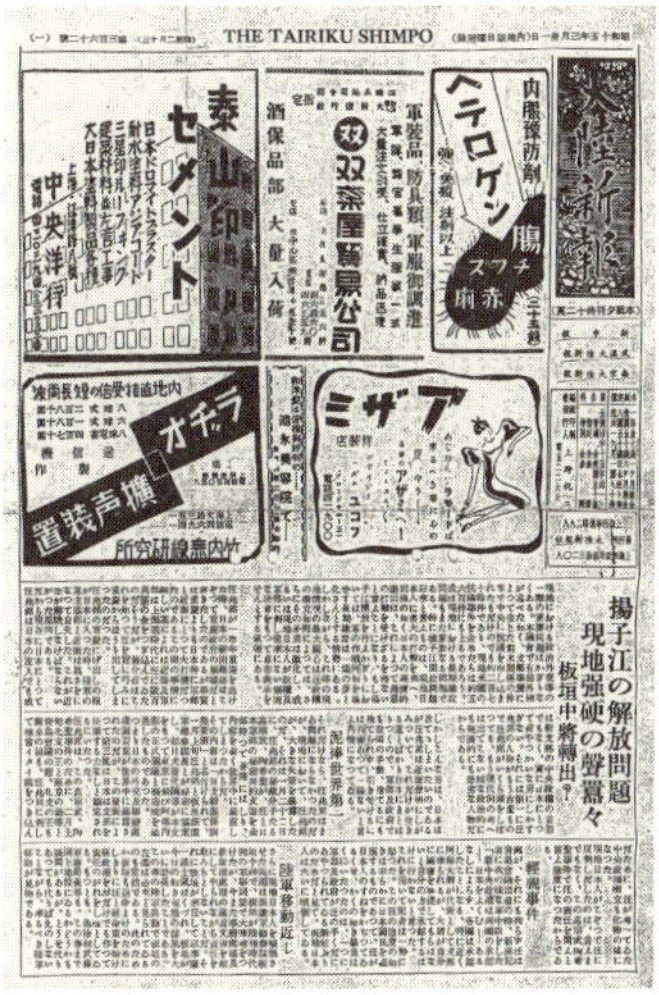
THE TAIRIKU SHIMPO
大陸新報
ヘテロゲン
内服豫防劑
双葉屋醫具公司
軍装品 防具類 軍服御調達
泰山印セメント
中央洋行
ラヂオ
構声装置
竹内無線研究所
アザミ
揚子江の解放問題 現地强硬の聲囂々
板垣中將轉出？
陸軍移動近し

ニセの『大陸新報』

成をとっている。ふだん同紙を手にしている邦人は気楽にそれに目をやって仰天したであろう。そこに並ぶ見出しは「不安極まる邦人虹口区」、「上海不安」、「学生達の受難」といった風になっている。日本側の支配が浸透していることを賛美する日常の本物の紙面とは対照的に、日本居留民の不安を煽る記事が本物スタイルで満載である。よく見れば、第1面の上段の広告や、枠外の題字のローマ字表記は本物にはない。しかし広告は本物そのもので組み合せていた。記事の日本語能力の高さから見て、居留民はこれが日本人によって編集、配布されていて、その背後に重慶政府がいることには気がつかなかったと思われる。このニセ新聞は上海で印刷され、上海の繁華街で無料で配られたものであろう。その新聞がマニラに大量に送られ、同地の邦人に配布されたわけである。マニラ総領事は重慶政府につながるマニラ在住の中国人を特定し、彼がその配布を支援しているとにらんでいる。マニラ在住の邦人もこの新聞の正体を知ることはなく、ただただ汪政権の前途に不安感を抱いたことであろう。

このようなニセの『大陸新報』はまさにブラック・プロパガンダの典型である。プロパガンダは情報の送り手や意図によって、ホワイトとブラックに区別される。ホワイト・プロパガンダでは、受け手の側が送り手の正体を把握し、受け手の意図を確認できる場合が多い。一方ブラック・プロパガンダでは送り手が正体を隠し、受け手の側にニセ情報を本当だと思わせるテクニックが使われる。ニセ新聞を発行する編集者や印刷人はおそらく抗日華字紙の関係者で、かれらが親しい日本人に本物らしい記事の執筆を依頼したのであろう。この新聞を街頭で手にした読者の多くはそれを本物の『大陸新報』と思って読んだことであろう。記事が真実だと思った場合には、ブラック・プロパガンダの影響力はホワイト・プロパガンダよりもはるかに大きくなる。逆にその新聞の発行者の正体を見破る読者もいたかもしれない。そうなればブラック・プロパガンダの影響は消滅する。

　上海でブラック『大陸新報』を編集、印刷、配布するだけでなく、マニラにまで送付、配布するだけの組織力を持つのは重慶国民政府が背後にいる勢力のみであった。ともかく『大陸新報』もニセ版が出るほどに認知され、抗日ジャーナリズムのブラック活動を促すだけのパワーをもつようになっていたことに注目したい。

福家俊一の社長退任

『大陸新報』1941年10月29日付け朝刊には1、3面にわたり、福家社長の名前と写真が大きく登場した。福家はその年の3月から6月にかけて南方視察に出かけており、福家の「南方通信」は写真入りでたびたび報道されていたし、社主催の行事が報道されるときにも福家の名前や談話が派手に掲載されることは相変わらずだった。今回もまたその一環かと読者は目を注いだし、ど派手な演出に眉をひそめて紙面から目を外した読者も多かったろう。

　しかし、その日の紙面を占拠したのは、福家の社長退任の記事であった。まず1面の社告を見よう。大陸新報社は福家社長の下で新聞を次々と創刊し、10月8日には『大陸新報』が1千号を迎えた。臨戦体制の強化が国内、大陸を問わず叫ばれている今日、言論報国の使命に一層貢献すべく、「我社は率先して新聞事業の社会的公共的なる真の使命に鑑み、社の事業組織を公益法人に改組し、〝財団法人大陸新報社〟として真に言論報国の使命遂行に驀進し、明日の一大飛躍の為に先づその永遠の基礎を論立し、名実共に言論機関の公益的面目を発揮することと致しました」と宣言。その目的達成のために「従来の大陸新報の現有事業一切の財産を社長福家俊一氏より寄付を受け、新たに「財団法人大陸新報社」を組織し、今後の運営は現社員を中心とする新財団の理事に依つて行はれる事になつたのであります」。

この社告と並んで福家の退任の挨拶が掲載され、「大陸新報が一千号に達したのを機会に社長の職を退き、一切の設備、財産、発行権等を無条件に新組織の財団に寄付し、創刊以来幾多の困難を共にし来つた社内同人のために途を開くと共に他面新しく言論界の見識を迎へ大陸新報社の第二期的発展をこれら諸君の手に委ねることと致しました」と社告に呼応した。

第3面を見れば、すでに1週間前の22日の午前に上海の四省会議において福家社長が決意を披露し、午後に全社員を招集し、発表したことがわかる。翌「二十三日興亜院連絡部次長落合中将は社長の功績を称《たた》へて感謝状並びに記念品を贈つて慰労された」。24日には南京へ赴き、「南京大陸新報社に於いて改組を発表し、午後三時には大使館の送別茶会に出席し、夜は岩崎総軍報道部長の送別招宴に出席した。二十五日午前各方面挨拶の為、十一時国民政府主席汪精衛氏を訪問して挨拶を述べたが会談一時間に及び今後の新聞事業等につき懇談をなして辞去した。正午畑俊六総軍司令官に招かれて懇篤なる慰労の言葉を受け感謝状を贈られた。次いで後宮《うしろく》淳《じゅん》総参謀長の送別宴に出席」といった超多忙な日程をこなした。さすがに26日、27日は休み。ところが「二十八日午前十一時古賀峯一艦隊司令長官（代理藤田上海在勤海軍武官）の感謝状を贈られた。このやうに福家社長の功績は日華軍官民より多大の称讃を受けるところがあつた」。これらにより「日華軍官民」というより日本軍と南京政府お歴々と挨拶を交わしたにぎにぎしい行事のあとに、紙上での発表となったことがわかる。

「お別れパーティを二十九日午後四時半から六時半まで日本倶楽部に催し、軍官民多数を招いて謝意を表すが、三十一日朝空路来上する予定」と予告まで出ている。30日の紙面に出た社長送別会記事によると、午後四時半から日本倶楽部三階大ホールで催され、満鉄支所長伊藤武雄氏等在上海の知名士多数が出席し、福家の功を讃えながら別れの盃を交して六時半終了した。

朝日による福家はずし劇の進行

『大陸新報』朝日関係者の福家への評判がすこぶる悪いことは先に述べた。本社からの年配の派遣者には福家の存在は無視された感がある。太田宇之助は一年半も上海にいた時期が福家と重なるのに、太田日記には福家の名は一度もでない。元大阪朝日東亜部長で、梅機関に派遣されていた神尾茂の日記にもない。彼らは本能的に福家を嫌っていたので、たとえ会ったとしても記載しなかったのであろう。一方、福家は権力者でない者を眼中におかなかったので、太田宇之助クラスでもぞんざいに対応していたのかもしれない。大新聞の組織の中で仕事をしてきた高学歴のインテリ記者と満州浪人風ながら新感覚で組織を引っ張る若輩社長とが巧くゆくはずがない。それでも創刊時には朝日出身者も若かった。若い人ほど二十七歳の福家に協力して、『大陸新報』の基盤を無我夢中に築いたと言ってよかった〔証言A〕。

ところが二、三年経つにつれ、彼らのキャリアの差から来るジャーナリズム観の違いが露呈してきた。福家は彼なりの破天荒な発想で新しい国策新聞をもりたてていてきた。福家は社内の朝日系以外の人物には意外に人気があった。たとえば早稲田を出て、三菱銀行に入り、夜間は日本大学の講師をしていた小林春男は１９３９年７月に大陸新報社に調査部長として入社したが、東京の帝国ホテルの面接では、自分の名も名乗らず、八歳年上に〝初めてお会いする〟などと挨拶もしないどころか名刺も出さない福家に〝なんという無礼なやつ〟と反感の気持ちを持ったが、しだいにその青年社長の熱意を感得し、〝教養はなさそうだが、けっして悪い人間ではない。いままでの自分の住んでいた世界にはぜったい見られないタイプの人間だが、これからの日本にはこういうのが必要とされるのであろう〟と思うようになり、少々乱暴な言動もあまり気にしなくなったという（『妖怪の系譜』153―154頁）。また元九州大学教授の高橋正雄は〝豪傑〟と彼を評している。呼び屋的な経営方針や社員の多様なイデオロギーが国策新聞の固さや陣中新聞の戦争色を薄めさせた点の功績も関係者から刮目された。

なによりも福家には強力な軍関係者のバックがあった。朝日のインテリ集団が福家を引きずり下ろすことは容易ではない。満州浪人の福家では新聞経営者が勤まらないので、いずれ近い将来、尾坂与市にスムースにバトンタッチできると踏んでいた緒方、美土路にとって、福家の健闘は予想外であった。

しかしより大きな朝日系国策メディアとしての『大陸新報』の成長、たとえば大陸新報満州版の発行を実現させ成功させるのには、大新聞の編集、経営感覚をもつ確かな人材に任さねばならない。そこで1941年あたりから福家の更迭を緒方らは考えるようになった。対する福家は社長就任以来、かつての満州人脈を超えて、上海や内地の権力筋にさらに人脈を拡大したようである。たとえば陸軍報道部長となって東京に栄転した元支那派遣軍陸軍報道部長馬淵逸雄の自宅には帰るごとに立寄っていた（子息逸明氏から聞く）。おそらく上海機密情報をその度毎に運んでいたのであろう。また東条内閣ができるとき、美土路に「この次はきっと東条です。これは決して間違いのない情報です」と注意した。その頃発行された外国の年鑑では、東条は陸軍を代表する人物二十人にも入っていなかったので、「東条に大命が下るとは想像も出来なかった。それがとうとう総理になった。これは満州に於ける要人と、満州の麻薬売上げの金が、その運動費になったというのである」とは美土路の後講釈である（『余の歩んだ道を思ひ出すまゝに』540頁）。

相変わらず高度な機密を持ち運ぶメッセンジャーボーイである。福家自身が職務上知りうる情報の質が一層高くなったので、軍・政府さらには美土路のようなトップクラスのジャーナリストも福家の運ぶ情報を重宝がり、福家を大事に受け入れるようになった。そのため福家を怒らせると朝日自身がしっぺ返しを受けるおそれがある。渋る福家をスムースに退任させるには、大政翼賛会から立候補させ、社会的地位を上げさせるのがよい。かつて聯合と電通が合併して同盟ができるときに、合併を渋る電通の光永星郎社長を納得させたのは、光永に政府が勅撰議員のポストを与えたためであることを、新聞界のリーダー、とくに古野伊之助に親しい緒方はよく知っていた。「通信統制を強行しようとした政府が光永社長の懐柔策といふより代償としての勅撰」（『新聞と社会』1939年1月号）というのは業界常識であった。また緒方の意向で影佐の梅機関に参加していた神尾茂にも大政翼賛会からの立候補の話が進んでいた。この切り札を緒方は切って、福家に辞任、しかも全権利を譲渡した辞任を承諾させるのに成功したのであろう。緒方と軍幹部や岸たちとの東京での話し合いが最終局面に入っていたのが、1941年夏であったと思われる。

大陸新報社から発行された『大陸年鑑』1942年版の巻末に「大陸新報社小史」という異

例の見開き2頁の文章がでているが、そこにも福家の貢献ぶりを讃えた記述が出ている。ところが不思議なことがある。福家（あるいは桐島）が所有していた同紙の株式は財団法人となった同紙に全部無償譲渡されたらしい。その資金20万円を彼に貸し付けた桐島龍太郎も同時に辞任したことは直後に出た『新聞総覧』などの幹部人名録から消えたことからたしかである。しかし傍線を付した部分に出ている他の幹部尾坂、赤松、森山はいずれも理事として在任し、尾坂は理事長に就任する。

然るに時務の進展は我社の第二次大発展を要請してやまず、従来の個人企業的経営形態を以てしては遂にかゝる趨勢に応ふること能はざるやを憂へ昭和16年10月社長福家俊一氏は社の施設一切を挙げて提供以て財団法人に改組、機構を革新充実として再出発することとなり同時に福家社長並びに同社長を輔け終始経営に尽瘁せる副社長尾坂与市、理事桐島龍太郎、赤松直昌、森山喬諸氏は社業発展の為め経営の任を後任理事者に委せ潔く第一線を退いたのである。（『大陸年鑑』１９４２年）

この「大陸新報社小史」はおそらく１９４１年10月上旬かそれ以前にまとめられたものだろう。その執筆時点では、福家ら5人の最高幹部の連袂辞任で話がついていたのであろう。その直後に福家の大政翼賛会からの立候補とそれへの軍官の支援と朝日新聞社の支援の約束の話がまとまって、福家が連袂辞任の主張を撤回したことと想像される。

大政翼賛会推薦候補福家の当選

福家は自らが出馬した翼賛選挙には朝日の支援があったと語っている。東条首相や岸信介が東京一区からの選挙出馬を推薦してくれた翌日、福家は朝日を訪ねた。大陸新報社の創刊以来、緒方、美土路ら幹部とは固いきずなで結ばれていたと福家は語っている。『ひげの代議士二等兵』には出馬の模様がこと細かに描かれている。

以来、彼は東京に帰る度に朝日新聞社を訪れてはなにかと相談をしていた。こうした間柄で彼の人柄をよく知っているだけに、初出馬の話を聞いた緒方主筆も動ずる気配もなかった。

「そう、政界へ出ますか」

言葉を切ってしばらく考えこんでいたが、

「新聞社としては、選挙の応援は表向きはできないが、個人的に君へのアドバイスをしてあげましょう」

「お言葉、まことにうれしく思います。まさに百万の援軍ほどありがたいです」

福家は心強く思った。前夜からの悩みがいっぺんに霧消した。

すでに石井営業局長が加わって、選挙の話がにぎやかになった。

「そうだ。第一区なら赤坂も含まれているね。そこに住んでいる吉川英治さんに紹介しようか」

口をつぐんでなにか考えていた美土路編集局長が口を開いた。（中略）「先生は選挙応援などきらいな人だが、福家君、ひとつ当たってみたら」

福家も吉川ファンの一人。（断わられてもよい。とにかく一度はぜひとも会いたい。頼みこんでみたい）と思った。

編集局次長の野村秀雄（のちNHK会長）に連れられ、赤坂の吉川宅へ。

「福家です。私もファンの一人ですが、ぜひとも先生の力をお借りしたいと思って参りました」（中略）

「よろしい。君のために推薦文を書きましょう」

「ありがとうございます」

頭を下げた福家は、目がしらが熱くなるのを感じた。

「応援演説も、選挙区全部には出られないが、この近くの会場ならいいでしょう」

「えっ、応援に来てくださるのですか……」

朝日新聞社で選挙嫌いと聞いてもいたし、まさか応援演説まで約束してくれるとは……闇の中に初めて灯がともった。道なき道と思っていたのに、道が開けてきそうな感じがした。

推薦文にはこう書いてあった。

「福家君は、上海でペンを一本の刀として武蔵《たけぞう》と同じように暴れ回り、国策の顕揚につとめてきた。しかし、まだ政治家としては未熟だ。諸君が〝沢庵和尚〟となって、福家を政治家として育てよう。そうすれば、剣聖・武蔵《むさし》のように大成するだろう……」

それは吉川英治というネームバリューの力だけでなく、武蔵を育てた沢庵和尚と、福家を育てる有権者とを巧みに織りこんだ文章の力で人々の心を揺り動かした。選挙戦のスタートに当たってまず有権者の注目を引くには絶好の支援だった。

吉川の応援演説も見事だった。そもそも政治とは無縁の存在で、それまで選挙戦の渦中になどはいったことのない人、演壇に立つというだけでも大変な前評判となった。（『ひげの代議士二等兵』28―31頁）。


福家は4月30日の選挙で無事当選した。東京一区は麴町、芝、麻生、赤坂、四谷、牛込の各区が選挙区で、定員5名。10人が立候補し、福家は1万2156票を獲得して、東京市長だった牛塚虎太郎、無産政治家の河野密につぎ第3位だった。『大陸新報』の紙面では、5月2日の開票速報では1面トップに「弱冠三十一歳の福家俊一氏（前本社社長）」と当選者の中で唯一写真入りで掲載し、第3面にも写真入りで「自分は青年層の尖兵」との抱負の談話を特別に紹介した。右翼の津久井龍雄は福家など5、6名と大東亜同志会をつくり、翼賛候補内部で選挙協力を行ったが、「苦杯の弁」（『中央公論』1942年6月号）を書くはめとなった。もちろん津久井には朝日の支援はなかったろう。

退社したとはいえ、『大陸新報』は衆議院議員福家俊一の動向をフォローし、バックアップしていた。福家が代議士のまま応召した際にも、写真入り談話を掲載している（1943年11月15日）。若手記者にとって福家は敬愛する前社長であったし、経営陣は福家の軍への威光、影響力を軽視できなかったと思われる。

大陸新報社の財団法人許可と新陣容

以下は『現代新聞批判』1942年2月1日号の記事をまとめたものである。

大陸新報は時局に即応し政府が各新聞に法人改組の命を発する直前に於て財団法人に組織を改めることを当局に申請し1月9日付で正式の認可を受け新聞界としては最初の法人組織が実現した。

これは当局が大陸並に新申報が国策紙として最も重要な役割を果している点と今後も強力な同紙の努力を通じて国策の推進新聞たらしむる必要を認めての処置と思われる。その一例を挙げると大陸新報は支那事変以来急速の発展を来し大東亜戦と共にさらに部数の増加は著るしいものがある。武漢大陸並に南京大陸またしかりであり、新申報も大東亜戦と共に夕刊の発行と相俟って上海租界の読者も激増を来し戦前に倍化する伸展振りを示している。当局もこの点を十分認めて強力な支援を与えているから今後の発展性は注目に価する。因に財団法人に改組と共に同社の陣容を左の如く発表した。

新理事

専務理事　赤松直昌（報知）

常務理事　森山　喬、東京支社長（朝日）

理事　蔵土延次、本社営業局長（朝日）

理事　児島　博、本社主筆（上海日日）

理事　帷子勝雄、本社編輯局長兼外交部長（朝日）

理事　日高清磨嵯（上海日報）
理事　西島五一、南京支社長兼同編輯部長（毎日）
理事　上野重雄、武漢支社長（報知）
理事待遇　鍋島雄輔（朝日）、平井　節
本社顧問　波多　博（上海日報）、神尾　茂（朝日）
本社編集局顧問　高橋正雄

財団法人になった新聞、通信社は本土でも中国でも珍しかった。満州国通信社でも創立時に財団法人化が議論されたが、結局株式会社となった。各紙を合併した『満州日日新聞』は1942年1月株式会社から特殊法人となったが、財団法人とは言わなかった（李相哲『満州における日本人経営新聞の歴史』参照）。大陸新報社は日本が実効支配している地域での最初の財団法人といっても過言ではなかった。その時期は福家が社長を辞任した1941年10月か、この『現代新聞批判』のいう1942年1月か、それとも尾坂理事長就任の社告の出た1942年4月かは確定できないにせよ、大陸新報社が終戦まで財団法人であったことはたしかである。

理事の構成を見れば、福家辞任後、朝日関係者が同社の支配を確実にしたことが判明する。その経過は朝日が大陸において軍のメディア統制に従順というよりもそれを先取りした新聞社であったことを証明する。なお尾坂は福家辞任後の半年間は理事長でなく、また社長でもない奇妙な地位にあったが、朝日本社と直結した実質の支配者であったことは否めない。

尾坂与市

理事長尾坂与市とは

　尾《お》坂《さか》与《よ》市《いち》の理事長就任の社告や記事は福家辞任で沸いた紙面の片隅にも出ていない。同時辞任が記載されたままで『大陸年鑑』が発行されたせいかもしれない。ようやく半年経った1942年4月17日の紙面の右下に「今回本社理事長に尾坂与市氏就任致し候間此段謹告仕候」という2段2行の社告が出た。それ一回だけである。社長は経験せずに理事長になった。

『社史』には『大陸新報』に「相当の人員」を出したとあるのに、当時の「社報」や「社員名簿」あるいは「写真帖」のどこにも転出先としての『大陸新報』の名前が出てこない。一方「南方新聞」や南方支局の活動や出向人事については、頻出する。また1944年に軍から朝日に経営を委託された『香港日報』の関係者もかなり出てくる。太平洋戦争中に月一回出ていた『朝日社報』という社内報でも『大陸新報』とその社員の名は出ない。朝日から『大陸新報』への転社は退職扱いであることが確認できる。

　ところが本書の冒頭で引用した『社史』には尾坂が朝日出身の『大陸新報』関係者としてただ一人登場する。尾坂は1934年の「写真帖」に東京本社社会部次長として登場しているし、1939年1月の「写真帖」では社会部長であることが記載されている。『大陸新報』に転出した後は、筆者の持っている同社資料の中では、1944年9月1日現在の「社員名簿」に社友の肩書で一行あらわれるだけだ。『大陸新報』理事長としての肩書きは出ていない。しかしながら当時の社友は下村宏（号は海南、元副社長、のち鈴木貫太郎内閣国務相兼内閣情報局総裁）、緒方竹虎（元副社長、当時、小磯内閣国務相兼内閣情報局総裁、戦後、吉田内閣副総理）、朝倉斯道（大阪朝日編集局次長、重役待遇退職）、神田正雄（元支那部長、政治部長）、村上恭一（戦時資料研究室嘱託）の六人しかおらず、尾坂もその中の一人である。尾坂は元副社長と並んで最高幹部OBとして処遇されていたことがわかる。

尾坂は大陸新報社でも地味な存在であった。理事長期間は3年余りあるが、2年の社長在任期間の福家に比べ、紙上での露出度は天地の開きがある。

尾坂の履歴はなかなかつかみにくい。1930年の新聞社幹部の人名録『昭和新聞名家録』には東京朝日新聞社会部次長として次のように記されている。1917年に朝日記者になり、警察ダネ中心の事件記者として、大杉栄の暗殺などで活躍したらしい。福岡県出身で、早稲田大学に入った点は緒方と同じであるが、中退している。

君は大正六年九月現在の東京朝日新聞に入社し、社会部外交記者たる事十三年、此の間麻布三連隊に一年志願兵として入営した以外は警視庁或は裁判所関係の有《あら》ゆる大事件には殆ど関係し、而も君の外交手腕は既に同業者間に定評のある如く如何なる事件に対しても常に機敏で而も正確な点は飽迄朝日式である。殊に大正天皇御崩御の前後や大杉栄の暗殺事件などに対する君の活躍振りは特筆に値すべきものであった。昭和四年三月遂に社会部次長に昇進し現在に及んでいる。次長となった今日でも君は大事件突発の際には出動して優れた外交振りを示して居る。君は明治二十八年四月二十八日福岡県田川郡香春町に生れ、郷里の豊津中学を卒業後、早大に学んだが中途退学して現在の東京朝日に入社したもので、家庭には母堂と夫人の他夫人の令妹、令兄令姉の子女三名と云う却々《なかなか》の賑やかさである。趣味は散歩に小唄、殊に小唄は素人離れがしている。（現在）東京市外西巣鴨宮仲二四五九（『昭和新聞名家録』100頁）。

その後も社会部にあって順調に出世し、1936年の二・二六事件の頃には社会部長になっていたことは、当時社会部員だった荒垣秀雄と扇谷正造の戦後の文章からわかる。荒垣は朝日新聞がクーデター部隊に襲撃され、リーダーの将校に緒方主筆が立ち会う場面を描いている。

有楽町数寄屋橋河畔の朝日新聞社（今の有楽町マリオン）三階の編輯局長室で主筆緒方竹虎、編集局長美土路昌一、政治部長野村秀雄、社会部長尾坂与市、整理部長北野吉内氏らと共に編集会議をやっていると午前八時五十分ころ外が騒がしくなり、ベランダに出て見ると軍用トラック三台から兵隊がどやどや降りて機関銃数台を地べたに据えつけ、折り敷きや寝撃ちの姿勢をとった。それが朝日の玄関を背にして電車通りの日比谷の方へ向いているので「近くで市街戦が起こって、社を警備してくれるのかな」とだれかがつぶやいた。そこへ守衛長松山萬太郎が来て「ピストルを持った中尉が正面玄関に来て責任者を出せ」といってるという。

緒方主筆は「ぼくが会う」と一人で出た。鳥越雅一連絡部長が「だれかついていこう」というのに「一人でよい」といったが、そこにいた磯部佑一郎に「いっしょに来たまえ」と彼だけを連れてエレベーターに乗った。菊池さんというエレベーターガールがにっこり笑っておじぎしたので「気持ちが落ちついた」と緒方はあとでいった。

玄関におりると陸軍将校が両足を踏んばって突っ立っている。緒方は「私が代表者です」と名刺を出すと相手は姓名も名のらず沈黙のまま向き合っていたが、ふと目をそらした。緒方の「威あって猛からず」の穏やかながら堂々たる態度に一瞬気圧されたのかもしれない。「これで大丈夫、いのちは助かったと思った」と緒方はのちに述懐した。拳銃を持った右手を天井に向けて揚げ（発射しなかった）「国賊朝日新聞をやっつける」とどなった。緒方は「女子供も多いから、みんな外へ出すまで待ってくれ」といったが、約五十名の兵隊は銃剣を構えて社内へ乱入した。（『朝日新聞社会部記者の回想』8—10頁）

これは緒方関係の本や『社史』などに数多く登場する緒方の静かなる武勇伝の一幕であるが、荒垣の文章では緒方や美土路編集局長の次に尾坂社会部長が幹部として編集会議に並んでいる光景を描いている点で注目したい。

次は部下に憎まれないやり手社会部長としての横顔を、先に引用した本の別の箇所で扇谷正造が彼流のしゃれた筆致で描いている。

社会部長は尾坂与市さんといった。でっぷり太った人で、口にチョビひげを生やしていた。長くサツ回りをしていて、それこそ下からたたきあげてきた事件記者だった。伝説によるとサツ記者時代の尾坂さんは、毎夜、望楼（火の見やぐら）に泊まるのを常としていた。当時の火事の知らせは半鐘である。ジャン、ジャン、ジャンと鐘の音を聞くと、尾坂さんむっくと起きあがる。はるかに火の手があがっている。望楼に〝宿直〟しているのだからなにしろ発見は早い。それっと人力車に乗って現場にかけつける。だから、火事の第一報はのがしたことはなかった。

学校出の私は、どちらかというと尾坂さんにしかられてばかりいたような気がする。解説記事などで、要点を一、何々、一、何々……と箇条書きにして差し出すと

「これはなんじゃ。学校出は、文章が書けん。ウーン」

といって、それを平文《ひらぶん》に書き直させるのが常だった。一、何々という書き方の方が明快、かつ簡潔だと思うのだが、尾坂さんのお気に召さなかった。文章は息が長いのをもって名文とされていた時代の名残りであったろう。（中略）デスクは福島謙造、伊東盛一、木下宗一、荒垣秀雄、それにサツ回りのデスクにはマーちゃんこと河合政さんとアンさんこと秋山安三郎氏の二人だったが、アンさんは一年前に学芸部に移り、好きな芝居評をやっていた。デスクは荒垣さんを除き、三人とも学卒ではなかった。新聞記者にはなにも学卒を必要としないが、とはいえ、インテリ新聞の朝日社会部デスクに大学卒が一名というのにはちょっと驚いた。（同277―278頁）。

大学中退の尾坂は学卒扱いされなかった事がわかる。緒方も美土路も派手で新聞経験の足りない福家を補佐する朝日側の人物に、性格は地味ながらも、また政治部記者ほどの広い視野を持たないものの社会部叩き上げの記者で、個性的な多数の部下を統率してきた力量を持つ尾坂

を配置するのが適当と判断したのであろう。組織で勝負することは苦手で、個人的なパフォーマンスを優先する福家はいずれ馬脚を露わし、軍部も見放すことになれば、ただちに尾坂を社長にすることができると踏んでいた。満州で御用新聞を育てた実績があると甘粕正彦から聞かされたとはいえ、朝日が支援する「国策新聞」の仕組みを知り、組織的に統括する経験や知識は福家にはないと朝日幹部はみくびっていた。一方、尾坂も社長含みの出向であって、それは朝日が将来提供してくれる地位よりも高くなるかもしれないとの計算があったのであろう。太田宇之助日記での尾坂との上海での出会いの場は貧相ではない。「ブロードウェーマンションの尾坂君を訪ふ。豪華に驚く」（1941年3月7日）。尾坂は朝日以上の厚遇が約束されたからこそ上海へ赴いたのであろう。朝日社会部で尾坂の後輩だった河合勇の戦後の回想録『小説朝日人』は、1941年頃の尾坂の姿を伝えている。

私が南方から帰国の途中、上海へ立ち寄ったら、その当時〝大陸新報〟の社長をしていた尾坂与市が

「勇さん、今晩つきあってくれ」

というのだ。尾坂は美土路が社会部長時代に次長として、片腕になっていた男である。二人で酒をのんでいるうちに、尾坂は昂奮してきて

「大体、朝日は緒方、美土路でもって来たのだ。それを大体緒方さんが悪い。美土路さんを袖にして石井さんに結びついたので、美土路さんは嫌気がさして朝日を退いたんだ」というのだ。美土路思いの尾坂はその中に涙をぽろぽろこぼして泣き出した。（145—146頁）

美土路などから社長の座もすぐにでも来ると約束されたのだろう。1941年7月の美土路の編集総長、常務取締役の突如の辞任は尾坂にもショックだったことがわかる。ただし常務取締役の辞表は撤回された。ともかく福家から尾坂へのその交代の時期が予想以上に遅れたのは、福家の新聞経営者としての力量が馬鹿にできなかったからだ。

広告収入の増加

購買力の高い居留民に読者の多い『大陸新報』は、次第に広告主に魅力ある広告媒体として注目されてきた。一般新聞としての最盛期と思われる1941年2月4日付け朝刊の紙面を一瞥してみよう。当時の朝刊は8頁建て、1頁15段である。

朝刊
1面　題字下　　タクシー会社
　　　下3段2つ割　航空朝日2月号、現代傑作小説選集（今日の問題社）
2面　下5段　共盛煙草
3面　不動産、自転車、木炭、大阪商大同窓会、弁護士事務所4社、シオノアスピリン、上海倉庫信託
4面　下10段　電気工事請負、レギオン錠（大日本製薬）、ふぐ料理、メガネ屋、洋装店、送信機、ワイシャツ、千代田生命、練炭、ノーシン、映画館5館

5面　下7段　新旧キモノ販売、洋食店、時計店、結核治療薬品販売、クラブ乳液、強壮剤ネオスェー、ラジオ組立・修理、写真用品
6面　全面広告　本土大学・専門学校受験推奨53校（大陸新報社、日本電報通信社推奨）
7面　下3段　逸見式計算尺、電気屋、自転車屋、タクシー、債権公債、最上醤油、石綿スレート
8面　下10段　大陸案内（求人、不動産、雑件）、船出航、両替店、銀行、医院案内、上海産婆会

夕刊
1面　下3段　樋屋奇応丸、三共オリザニン
2面　下6段　牛乳、靴クリーム、時計店、甘酒、代書屋
3面　下9段　バイエルン、映画館、大華酒造
4面　下8段　レオン洗顔クリーム、強力メタボリン

新聞の広告は報道記事以上に居留民に活用されていた。創刊時に目立った旅館、ホテルや風俗店の広告は少なくなった。幅広い業種の広告が増加したため、経営に余裕が出て、紙面のイメージを悪くする広告は制限し出したのかもしれない。地元の小規模の日用品、メガネ、自転車などの雑件広告が多い。内地の放送を短波で聞くための高級ラジオへの需要や長崎、横浜航路などの出帆広告は他の日本人居留地にも見られる広告である。県人会や同窓会の案内広告も

他の日系新聞に見られたが、大学の同窓会の案内は、高学歴の読者が『大陸新報』に多いことを反映している。本土の広告は雑誌社の広告にも綜合雑誌が目立つ。日本で学業を終えて帰国し、上海に住む中国人読者も少なくなかったのかもしれない。

広告は同紙の読者の同紙への期待、欲求を鋭く反映させている。たとえば全面広告として登場する2月4日の受験案内広告は上海に来た高学歴の官吏、会社員、専門家などインテリのホワイトカラーの増加と彼らの子弟の本土への進学希望の高まりを示している。『主婦之友』など婦人月刊誌の掲載も目立つ。それは中堅家族の生活スタイルが日本人租界に本土から移植され、定着したことの証である。上海の植民地化が定着したとの幻想が居留民に与えられていたと推測される。

『大陸新報』自身も広告増収に努力していた。東京と大阪の支社は広告活動の拠点であった。独自に広告媒体価値を示すパンフレットを作っていた。全期を通じた広告収入の増加は『大陸新報』の経営安定につながった〔**証言C**〕。

電通吉田秀雄による広告集め

『大陸新報』はじめ中国での広告量は堅調で、これを扱った日本電報通信社（電通）に好成績をもたらした。戦後電通の社長となった吉田秀雄の出世のきっかけは1935年に光永社長から「君、僕は支那にも広告事業を開始してみたいと思っている。しかし、そう簡単ではない。これをやってのけるには相当の覚悟が必要だ。どうだ、君、上海へ行ってくれんか」との命令がくだったことにあった。早速吉田は上海へ向った。目的は先ず上海の三大新聞の社長に会って取引を開始することにあった。

当時は上海事変後であり、対日感情はひどく悪化をし夜ともなれば、暗殺は街の各所で行われ、物情騒然としている時である。

彼が、これらの有力紙の社長に会おうとすれば門の前に仁王立になっている屈強な用心棒に先ず、安心感を与えねばならない。ようやくゆるされ門をくぐれば、そこにはまた鉄の格子の扉が固く閉ざされているという有さまだ。そんな段階が三、四ヵ所に設けてある。その前にはこれまた強そうな用心棒が立っており、いちいちこれらの人達に刺を通ぜねばならなかった。これは書いてしまえば簡単であるが、実に困難をきわめた仕事であり、ひとつ間違えば、生命にかかわる重大事であったのだ。（片柳忠男『広告の中に生きる男』174―175頁）

吉田秀雄は生命の危険をおかして、これらの新聞との広告上の取引を完成し、1935年7月、上海に電通広告公司をつくることに成功し、意気揚々と日本へ引きあげてきた。吉田をチーフとする地方部の活躍は日本の対支広告（日本企業の広告の中国メディアへの掲載）の活発化を誘導し、当時電通の扱った対支広告はその70パーセントを占めたという。

満州、中国の既存の新聞には大阪に本拠を置く瀬戸保太郎という個人業者が強い牙城を築いていた。瀬戸は『盛京時報』に代表される満州の日系華字新聞の広告をほぼ独占していた。華北でも新興の『東亜新報』の内地広告を一手に握っていた。しかし1935年前後に華中にできた新聞等のメディア広告のほとんど全部を、電通が扱ったといってよかった。

上海を中心とする華中方面では、汪兆銘（字は精衛）指導下の親日政府が南京に樹立したが、完全な傀儡政権であった。

汪政権の直属機関として、中華連合通信社とよばれる汪政府の御用通信社が設立された。これは統制機関として陸軍報道部によって改組されたもので、中央報告産業経理処と呼ばれていた。

その年、吉田は共同通信社専務理事の松方三郎と共に南京へ渡航した。二ヵ月半の旅であった。松方は中央報告産業経理処の報道関係を受持っていた。吉田はこの機関の広告組長の立場で、広告企画に汪政権の南京遷都を祝する「奉祝広告」を作ることになった。そこで中国情報をとるのに、上海で特務機関と連係していた憲兵大佐の塚本誠が動いたのではないかと思われる。昭和十年、上海で電通支局（通信）との交流があり、その紹介があったのではないか。戦後、吉田は公職追放解除になった塚本を恩義で社員に迎えている。

当時の電通の広告月額売上高は、中央部が六十万円、吉田の地方部が二十万円だった。両者は大きく差があった。その理由は、地方部は料金建値くずし等で金額が低く、これまで中央部に追いつくことが困難であった。だが、地方部の記録は「奉祝広告」によって売上げを伸ばし五十五万円と迫ったのだ。企画での中央部は六十五万円の数字を出していた。

この快挙に、光永は密かに電・聯合併の成果と喜び、電通を背負うこれからの男を見出した喜びを隠しきれなかった。吉田は営業局地方部長に昇格することになり、やがて取締役の道が待っていた。（船越健之輔『われ広告の鬼とならん』104頁）。

『大陸新報』に代表される新興の国策新聞はそれを独占的に扱う日本本土の広告会社の収益増に大きく貢献したことがわかる。

とくに上海の経済力、生活力は東京、大阪の本土大都市と遜色がないとの説が当時、上海新聞界の論客から叫ばれていた（飯守勘一「上海邦字新聞の性格と中国新聞政策」『新聞総覧』1942年版）。日本の帝国主義侵略に伴う日本企業の中国移転、居留邦人の人口や所得の増加が広告収入を増加させ、新聞の経営基盤を固めることにつながった。ただし吉田が梅機関にも関係した塚本誠憲兵大佐に取り入って広告市場に食い込んだことは戦後の塚本の電通取締役就任と関連しているらしい（田原総一朗『電通』58―59頁）。

『朝日新聞』の満州進出計画

以下の話は『社史』には出ていない。武藤富男の回想録『私と満州国』（文藝春秋）に記載されたものが唯一の証拠である。武藤は判事から満州国の官吏になった。甘粕正彦に傾倒して『満洲国の断面』という甘粕伝もある。戦後は長らく明治学院の院長をつとめたキリスト者である。

1941年8月、朝日新聞社満州支局の橋本登美三郎が、満州国国務院総務庁弘報処長の武藤富男を訪ね、原田譲二専務の社専用飛行機での到着予定を告げた。橋本は上海支局から新京の満州支局へ移って来ていた。「願いの件があり、原田専務を遣します、宜しく」という緒方編集総長の達筆の手紙を原田は持参していた。満州国の新聞を数社に統合する計画が当時、国

原田譲二

務院弘報処によって実行に移されようとしていた。その直前に、朝日新聞社が満州朝日新聞社といった名称で新京（長春）で新聞社を作る計画を持ってきたわけである。朝日は王子製紙の満州新工場竣工に併せて、満州に本格的な印刷所を建設し、編集局も設置しようとしたのである。原田専務は「実はこの件はひそかに関東軍参謀副長の秦彦三郎少将にお話しいたし、御胸中をうかがっております」と形を正してすでに関東軍の上層部へ打診していることを伝えた。

弘報処長だけでない。その上にいる武部《たけべ》六蔵《ろくぞう》国務院総務長官らもその進出計画に内々賛成した。満州国誕生時に冷淡な姿勢をとっていた有力紙の進出は満州国の地位を高めるし、新聞によるプロパガンダを満州国内だけでなく日本本土でも浸透させることができるとの計算が総務長官側に働いた。武部、古海《ふるみ》忠之総務庁次長、武藤のシビリアンの三者高官会議では朝日進出がＯＫとなったのだ。以下、武藤の『私と満州国』から引用する。

> 三者相談会では、そうしたことを各自おくびにも出さず、もし朝日を入れるとすれば、毎日も入れねばなるまい、そうすると前者は首都新京地区に、後者は奉天地区に、となるが、両者の勢力圏をどう調整するかなどが話題となった。
>
> 私は「秦参謀副長が関係していること故、まず関東軍第四課の意見を直接聞いてみること

が肝要ですから、それからにしましょう」

と提案し、ご両所の承諾を得て、翌日に第四課の係りの参謀を訪れることにした。

ところが、第一弾は先方が放った。第四課の小尾哲三参謀から私に呼び出しがあったのだ。いよいよ本番に乗り出したな、と感じた私は、心をはずませて彼のもとに参じたところ、物事は裏目に出ていた。

　小尾参謀と私との会談は次の通りであった。

「君たちは朝日新聞社が満州国に移駐するのを受け入れようとしているそうだが」

「その通りであります。先方から使者が見えましたので、総務長官、次長、そして私の三名が相談し、軍のご意見をうかがった後、対処しようとしていたところであります」

「そうか。諸君は軍が承認すれば、相手方の申し入れを受けようとしていたのか」

「その通りであります」

「すると諸君は、この件が正式に取りあげられ、軍務局にまでもたらされたと仮定した場合、どういう結果が起こると思っているか」

「さあ、それは軍のお考え如何によりましょう」

「諸君は日本の新聞界の実情にうとい、、、軍がこの問題を取り上げたと仮定せよ、ただごとでは済まないぞ」

「どんなことが起こりますか」

「読売の正力、毎日の高石、それに同盟の古野が加わって陸軍省軍務局に乗り込むのは必定だ」

私は暫く黙していた。彼の剣幕が尋常でないからであった。

ここまで話が進んできてはもう退くわけにはいかないので、私は勇を鼓して次のように言った。

「三者の抗議があっても、国家総動員法の発動ができる時代ではありませんか」

「何を言うか。発動は事によりけりだ。三者はこぞって、この問題に対しノーというぞ。それでも軍が押し切って旨く行けばよいが、やり損なったらどうなると君は思うか」

ここで私は、朝日新聞満州国乗り入れは思いのほか大きな問題だと感じたので次のように答えた。

「総務長官の辞職になりますか」

「総務長官ですむと思うか」

と彼は問うたので、

「軍司令官の更迭ですか」

と問い返した。

「軍司令官の更迭まで賭けて君たちはこれをやるつもりか」

と彼は威迫に近い調子で私に突きかかって来た。こうなっては私も反撃する材料も気勢もない。

「武部、古海の両名にその旨伝えます」

と言って軍司令部を辞した。

夜になって長官官邸に三人で集まり、私から小尾参謀の言うところを伝えた。

「軍第四課と秦参謀副長との間にはこの問題につき意見の衝突があったにちがいない」

とは古海次長の推測であった。

「それではやめておこう」

と武部長官はあっさりと言った。

私は朝日新聞社の原田専務に丁重な手紙を送り、この問題を打ち切る旨返事をした。（『私と満州国』344—346頁）

当時、本土における軍部の全国紙統合案が読売の正力松太郎、毎日の高石真五郎、同盟の古野伊之助らの強烈な反対でつぶされようとしていることを、高級参謀たちは知っていた。かれらは朝日新聞社の抜け駆けの進出を承認することによって、本土の二の舞の騒ぎになることを回避したかった。満州国で何事でも実権を握っているのは関東軍である。その意向を知った武部長官が進出反対の決定を下した。そして武藤はこの問題を打ち切る旨の丁寧な手紙を原田専務に送ったのである。

かくして朝日の満州進出の野望は潰えた。『大陸新報』を足がかりにした中支進出に続く抜けがけ拡大路線の挫折だった。福家の回顧談〔証言B〕ほどではないにしろ、『大陸新報』は上海の本社版に南京、漢口を加えると10万部を超えていた。『大陸新報』が政府の援助を受けなくても独立採算が維持できるほどに発展していたことはたしかであろう。上海事変以降の華中への日本人居留民の増加は一般新聞として『大陸新報』を求める日本人読者の増加につながった。戦域の拡大による日本兵、軍属の増加は軍費による一括買い上げ需要を高めた。さらには汪政権樹立以降、日本の政策に関心を持ち、日本語を理解する中国人も漸増し、それが『大陸新報』の中国人読者増に寄与した。

緒方、石井ら朝日新聞社幹部が尾坂から経営状態好転の報告を受け、『大陸新報』に相当する新聞で満州にも進出しようとの経営判断をしたと推測される。『大陸新報』の場合には、『朝日新聞』色を薄めた形での進出であった。行きがかり上の経営協力であったため、当初は腰がすわらなかった。第一、利益があがるとは考えられなかった。ところがなかなかの成績を示している。そこで『満州朝日新聞』の場合は朝日のブランドを表に出した新聞を着想した。王子製紙の工場新設に便乗できるので、紙不足で苦しむ新聞業界、とくにライバル紙の反発は少ないだろうとの計算があった。

満州でも『満洲日日新聞』と『満洲新聞』の二大紙に統合が進んでいた。しかも満州の日本化、五族（満洲族、漢族、蒙古族、朝鮮族、日本人）の協和、皇民化が進捗していると見られていたのが、１９４１年である。したがって『満洲朝日新聞』の創刊構想も、『大陸新報』のような独占的なメリットが享受できるとの計算から生まれたとしか考えられない。ただしその創刊が満州での二大紙をも吸収するファッショ的な計画であったかどうかはわからない。それはどうあれ、朝日幹部の頭には常に毎日への警戒感があった。かつて毎日の隆盛を築いた本山彦一社長が『満洲日日新聞』を買収しようとしていたこと（式正次『新聞活殺剣』第３編、１２６頁）の記憶があり、『華文毎日』の刊行も大陸進出の橋頭堡としていることを念頭に置いていた。

実際、関東軍ほどの軍部といえども、本土の全国の新聞社を一つの資本に統合する新聞共同会社構想案に反対し、それを長期審議の末、１９４１年秋につぶした『毎日新聞』や『読売新聞』の力量は無視できなかった。関東軍の高級将校にはいたずらに大新聞との対立関係を深めたくないとの計算があった。またかれらは影佐禎昭ほどには朝日の利用価値を評価しなかったし、朝日幹部とのつながりも弱かった。

九　緒方竹虎と影佐禎昭

東亜問題調査会と影佐

『大陸新報』創刊当時の緒方竹虎は朝日新聞社の専務取締役で、東京、大阪本社の主筆を兼任していた。緒方は1911年に早稲田大学専門部政治経済学科を卒業と同時に、大阪朝日新聞社に入社した。1920年イギリスに自費留学。帰国後、東京朝日整理部長、政治部長、支那部長を歴任し、1925年に数え三十八歳の若さで東京朝日編集局長となった。1936年には東西の一人制主筆として「社論ヲ定メ筆政ヲ掌ル」（朝日新聞主筆規定）こととなった。つまり東西朝日の編集、論説部門を「筆政」で統括する全権を握った。経営面でも1928年取締役、1934年東京朝日新聞主筆、常務取締役、1936年主筆、専務取締役、代表取締役となり、大株主（村山家、上野家）以外の最初の社長との呼び声が高かった。軍の新聞統制の流れに乗って緒方と石井光次郎専務取締役は大株主の議決権行使を制限し、資本と経営を分離する定款改正を図る。同時に石井は緒方の社長就任を提言した。これが筆頭株主の村山長挙社長の逆鱗にふれ、1943年に緒方は副社長にと棚上げされた。朝日での権力は絶たれた。

緒方が1944年7月に辞任して、朝日を去り、小磯内閣の国務相兼情報局総裁になったことは意外と思われるが、これは陸軍の小磯国昭、杉山元や海軍の米内光政、山本五十六といった軍部の要人と長く、深い交流があったためである。すでに１９３７年に内閣情報部参与、１９４３年に情報局参与といった情報関係やその他の政府委員を歴任して、実績があったことも与《あずか》っていた。各種の和平工作を『朝日新聞』時代や情報局時代から行ったことから推測されるように、国士的風貌の中に国際的な情報あるいは戦略に関心を抱き実行に移す、日本のジャーナリストとしては珍しい人物であった。

緒方は中国とくに日中戦争の処理について深い関心を寄せていた。１９３４年に社内で東亜問題調査会を設置し、その二代目会長になった。その調査会内の常任幹事は東京本社論説委員の大西斎、幹事は大阪本社東亜部長の神尾茂であった。尾崎秀実、嘉治隆一、武内文彬、太田宇之助、益田豊彦がその下に配置された（『社史』）。調査会への外部からの参加者は多彩であった。外務省情報部長河相達夫、大本営陸軍部課長渡左近大佐、陸軍省軍務課長影佐禎昭大佐、大本営海軍部山田定義大佐などの情報、諜報、戦略を扱う外務、陸・海軍の若いリーダーと朝日ならびに緒方との交流の場となっていた。筆禍が多く、軍部ににらまれる朝日を守るために緒方は、比較的若い東亜問題調査会員に対し将来のリーダーに接近する場を演出したが、軍人側でも情報入手や世論操作のため朝日や緒方を利用しようとした。実際にこの調査会設置は朝日が「国策」の策定という現実路線に積極的に関与し、それに協力して行く初期の転換点となった（栗田直樹『緒方竹虎』）。

石井光次郎

影佐禎昭は東亜問題調査会参加を契機に緒方との親交を

深めたのであろう。『社史』にある通り、南京陥落直後から『大陸新報』への朝日側の経営参加を呼びかけてきたのが影佐であった。そのときは断ったが、次の甘粕正彦の紹介による福家俊一の緒方らへの接触が朝日に参加決断をさせた契機となった。かといって、若輩の満州浪人にすぎない福家の申し出だけだったら、緒方らが真剣に検討し、実行に移したとは思われない。それ以前の影佐あるいは甘粕の打診があったからこそ実現したのであろう。

影佐は陸軍の中国関係の情報、謀略部門の中堅リーダーとして台頭していた。1923年に陸軍大学校を恩賜の軍刀を受けて卒業後、参謀本部に入る。その後、東京帝国大学法学部政治学科に派遣されて三年聴講、中国研究員、参謀本部、上海の中国大使館付武官補佐官を経て1937年参謀本部支那課長、1938年陸軍省軍務課長となった(『人間影佐禎昭』)。

影佐と犬養健

影佐の中国とくに上海での人脈、専門知識を軍上層部は高く評価していた。それが上海事変後の最大の懸案であった汪精衛政権樹立工作に軍と影佐を動かした。その際の影佐の指揮する工作機関は梅機関と呼ばれていた。影佐が戦中ラバウルの病床でまとめた「曾走路我記(そぞろがき)」という回想記の中に「梅機関に就て」という以下の記述がある(『人間影佐禎昭』)。

汪氏が上海に落ちついた後も、自分達は引続き汪氏の運動の援助並に日本側との連絡の任務を与へられたので、事務所を北四川路に設置してこれを梅華堂と命名した。開館当時の梅華堂同人は陸軍側からは自分及一田中佐(後日谷萩大佐と交代す)、岡田陸軍主計中佐、晴気中佐、塚本少佐、大村主計少佐等、海軍側からは須賀少将及扇少佐、外務省からは矢野書記官及清水書記官、その他民間側より犬養健君等であつたが、爾後各省より逐次人員を増派せられた外、我々の運動に自発的に協力を申込んで来た真面目なる人もあり、又自分等より参加を要望した人もあり、多い時には三十名を越したことがある。その主なるものは民間側からは台北大学教授北山富久次郎氏、経済研究者末広幸次郎氏、朝日新聞社客員神尾茂氏、前上海日報社長波多博氏等、外務省からは太田書記官、杉原書記官、中根領事、興亜院の岡田陸軍主計中佐、小地覚氏等である。右人員の中晴気中佐及塚本少佐は従来の人的関係もあり、引続き丁黙邨氏等の工作に協力した。其他各新聞社の上海特派員中有力なる者が自分等の外廓団体として自発的に自分達の仕事に協力して呉れ、異論を有する幾多日本言論界の人々を説得するに努めて呉れた事は、自分の忘却し難い所である。加之《しかのみならず》幾多自分の知己、未知の人々が陰に陽に自分の事業を援助し激励してくれたことは寔《まこと》に感激に堪へざる所である。

影佐は梅機関が陸軍だけの機関でなく、五相会議で決まった官軍の共同機関であることを強調する。ただし陸軍に属する者のみが影佐の指揮下に入ったが、海軍、外務省からの派遣者には指揮権はなかったという。ましてや民間からの参加者は自発的に参加してくれた者であって、それぞれが経費を負担していたいわばボランティア的同志であったとする。

陸軍の中には梅機関を目して陸軍特務機関と看做す者があるが、前述の理由により陸軍のみの機関ではない。加之《しかのみならず》梅機関を特務機関と指示されたことはなく、上海には上海特務機関があり、南京には南京特務機関があり、一定の管掌区域を有して特務機関の任務に服してゐる。従て梅機関は特務機関ではない。

梅機関は陸軍直属の一般の特務機関と変りがないか、あるいは影佐がいっているような「協力会議体」とか「同志の集合体」であったか。また『大陸新報』に似て陸海軍、外務省が合意で作った「国策機関」を装いながら、汪政権樹立工作のために陸軍が実質的に設立した機関であったかどうか。そうした疑問は後回しにして、ここではその機関の幹部あるいは顧問には、政治家やジャーナリストが多かったことに注目しておきたい。それら「同志」の中で影佐と密接に行動したのが犬養健（犬養毅首相の次男。当時衆議院議員。戦後吉田内閣法務大臣）であった。影佐が犬養とともに南京国民政府の財政部長となる周仏海そして汪精衛への工作活動をとくに1940年初頭に集中的に行ったことは、『周仏海日記』からも読み取れる。

二月五日

（略）午後、汪先生に陪席して犬養、影佐を接見し、宣言の発表及び和平条件について詳細な相談をする。さらにわが方から東京会談で決めた国旗の上に三角の飄帯の付加することの取り消しを提起した。影佐は非常に難しいが、努力してみると表明した。また必要とあらば、余に随行して南京、北平に行き、日本軍現地当局を訪問した後、さらに東京に行くのであるならば、あるいは出来るかも知れない、と言った。（略）

二月十日

（略）犬養が明日飛行機で東京に行くので別れの挨拶に来る。早く戻られんことを請うとともに国旗の上に三角飄帯を付ける問題のことにも話が及ぶ。彼が言うには当面はおそらく簡単にはいかなかろうと深い憂慮の念を示すが、余もそれを心配する。ちょうど竹下が月之家で客をもてなしており、影佐もいた。余が宴会に行こうとすると、犬養もこの件のため余に随行して月之家に行き、影佐を呼び出して詳しく話す。彼のこのような態度に大いに感激する。影佐が宴会の合間に余を慰め、いつか解決の方法が生まれるかも知れないという。余はこの件が実現できなければ、余が中央に参加する興味も減ずるであろう、と言う。

二月二十五日

（略）晩、黙邨を伴い犬養、影佐の宴に赴くが、黙邨の今回の謙譲精神に対し皆敬服するとともに激励する。（略）

汪精衛（汪兆銘）

『周仏海日記』をたどると、影佐が犬養の協力を得ながら、周、汪にほぼ連日面会し、3月30日に南京国民政府をなんとか誕生させた経緯がつかめる。また面会に際して丁黙邨のような南京側要人が同席することも多かった。

神尾茂

影佐と神尾茂

「上海には新聞記者がずいぶんおりましたが、大体、一人残らず影佐さんの協力者になっております」と同盟上海支局長をつとめた松方三郎は戦後『人間影佐禎昭』の中で語っている。それは影佐が陸軍エリート将校でありながら、高ぶらず、記者に自ら接触したからであろう。国のために工作している真摯な姿勢が記者の心を捉えた面があった。しかも影佐は自分に取材のため接近してきた記者を丁寧に扱い、できるだけの誠意を見せた。『毎日新聞』の田中香苗（のち社長）には汪兆銘の独占会見の便宜を図った。『読売新聞』の三浦薫雄にも同様なサービスを行った（小俣行男『戦場と記者』）。同盟の松本重治の『上海時代』には全篇に影佐との公私の親密な交流が描かれている。ちなみに松本は国際文化会館理事時代に影佐の遺徳をしのび、『人間影佐禎昭』の出版世話人会の代表となっている（自由民主党総裁谷垣禎一は影佐の外孫で、1945年3月7日生れ。同書所収の影佐の娘婿・谷垣専一の文章によれば「奇しくも岳父の誕生日であった」「長男には父の一字をもらって、禎一と名付けた」「ラバウルで死を覚悟した身として、又、男の子のなかった父としては初めての男子出産が余程うれしかった」とある）。

　しかし影佐が朝日幹部、記者に対してもつ思い入れと実質的な交流は他のメディアを圧していた。影佐が神尾茂を梅機関の幹部として誘うのは、神尾の中国への見識、そこでの人脈、情報収集・分析力、語学力を評価したからである。また香港での和平工作での神尾の行動を観察し、その工作経験を買ったのであろう。さらに影佐は以前から東亜問題調査会を通じ、神尾と旧知の間柄であったからこそ、白川威海上海支局長を通じて梅機関への参加を神尾に熱心に求めてきたわけである。

神尾茂は1906年早稲田大学政治経済科を卒業後、上海東亜同文書院に入学。大陸新報社に上海日報社を譲渡した波多博は神尾の同文書院の同期生である（『東亜同文書院大学史』）。神尾は朝日南京通信員を経て、1913年に正社員となる。支那部長などで中国報道にかかわる。先に出た東亜問題調査会では幹事であった。1938年に緒方らの依頼で、香港で国民政府側の『大公報』張季鸞社長を媒介に和平工作を行ったが、失敗。1939年に停年、客員となったが、今度は影佐から梅機関工作への協力要請があった。神尾の没後、遺族によって、神尾の和平工作時代の「香港日記」「上海日記」を併せた『香港日記』が1957年に私家版として刊行された。その中に朝日の後輩である白川威海上海支局長から神尾宛ての1939年10月23日付けの手紙が収録されている。

拝啓、先日上京の節には失礼しました。扨《さ》て本日電報で一寸御知らせ申上げました通り、本日影佐少将（禎昭）当支局へ来訪「神尾さんに一肌助けてもらひたいことがあるんだが」と前提され、大要次の如く申されてをります。

即ち、御承知の如く目下汪精衛氏の中央政府樹立工作については、御承知の如く我方としては影佐機関（表面的名称は梅華堂）が専ら之に当つてをられるのでありますが、右中央政府は今年中にはどうしても樹立させたい由にて、貴下にも梅華堂の一員として今年中だけでも御援助、御協力を願ひたいのださうであります。

而して貴下の御仕事としては、主として汪派の褚民誼《ちよみんぎ》氏と連絡をとり、貴下旧知の中国人と接触し、出来るだけそれらの人々を獲得して頂きたい。又之等の人を獲得する上においての、御智慧を拝借したいといふのが主旨であります。

而してそのためには、貴下は上海又は香港の間を往来されることになると思ひます。尚貴下としては既に支那に於て著名でありますから、偽名を用ゐても駄目ですし、又梅華堂の一員たることを、支那側に知られては却つて効果がありませんから、此前と同様、やはり「朝日新聞特派員」の名儀で、こちらへ御越し願ひたい由であります。貴下と同様の任務を以て働かれるのは、犬養健氏及び波多博氏の三氏ださうであります。影佐氏の言明では、旧い型の所謂支那浪人は、今後も一切依頼せず、支那の現代人に十分信用ある貴下、犬養、波多の三氏だけに特に御依頼し、之等三氏の信用を利用して、極力よき支那人を説得したい由で、以上大体影佐氏の願ひの大要でありまして、しかも可成り急いでをるやうであります。

そして一応上海へ御出で下されば、詳しき打合せなどを致したいと申し添へられてをります。

尚蛇足でありますが、小生の愚考では貴下の御仕事として最適と存じますし、影佐氏の熱心な懇願でもありますから、此際是非御奮発の上、二、三ヶ月こちらへ御出勤のほど、小生よりも呉々も願ひ上げます。

尚影佐氏の御希望もありましたので、緒方、美土路御両所の御諒解を得るために、この手紙と同時に簡単乍ら、影佐氏の要望だけを御知らせ致しておきましたから、右御諒承下さい。
（151—152頁）

神尾は陸軍の影佐の懇請を喜んで受け入れ、汪精衛工作に従事することになる。なによりも神尾が日本の代表的新聞社の特派員という隠れ蓑を使えたことが、影佐に安心感を与えた。極東のどの国の諜報機関でも工作員をカモフラージュするために特派員の肩書きが利用された（拙稿「占領下CIA対日工作の協力者」）。早速、神尾は白川を通じて知った影佐の真意を確かめるべく、松井石根大将や陸軍参謀本部樋口季一郎第二部長などにあたり、「表面は特派員、事実上は影佐の私設顧問」（『香港日記』154頁）という軍のねらいが理解できたし、それが影佐の独断専行でないことに安心した。今回は緒方や美土路など幹部に事前に承諾の手間をとる必要がなかった。白川を通じた神尾スカウトに緒方らから異論が出なかったことは、前後の彼の「上海日記」から判明する。

冷徹な影佐にとっては、神尾を通じて緒方など朝日の上層部とつながり、朝日を梅機関の味方として活用できる利点があった。もともとリベラルな伝統を持っていた朝日ほど軍部にとって世論工作に好都合なものはなかった。汪工作が世に暴露、批判されたとき、朝日でさえ軍に賛成しているとして反軍的な世論対策に利用できるからである。『社史』は朝日や緒方が汪工作に反対であったと記しているが、神尾派遣からしてそれは疑問である。

さらに朝日は高収益の優良企業であるから、いざとなれば神尾の給与や活動費を負担してくれるとの計算が影佐にはあった。汪政権が樹立され、梅機関の工作が完了した影佐は汪政権の最高軍事顧問となった。それと同時に影佐は機関員、とくに民間からの人物の処遇を考えた。行政上では梅機関が廃止となった以上、機関員に軍から給与は払えなくなった。回想記「曾走路我記」には民間人はその出身母体が給与を支払っていたとある。だが、神尾に関する限り、それまで軍が給与を支払っていた。1940年4月20日付けの神尾の日記がそれを証明している。従来軍の出していた神尾への給与を、朝日が肩代りするように影佐が美土路に要請した。それに対し幹部らが決定権をもつ社長への善処要請を承認したというわけだ（『香港日記』）。

したがって神尾を給与支払いに好意的な朝日の「特派員」としてとどまらせ、大使館のプロパガンダ活動を波多とともにやらせるというのが影佐の意向であった。支那派遣軍報道部は「梅機関及主任参謀ト緊密ナル連絡」をとって各メディアに情報を提供したり、「謀略秘密ノ事前漏洩ヲ防」いでいた（『日中戦争　対中国情報戦資料』第3巻、268頁）。もともと神尾の梅機関での主任務が報道部との連携であった。犬養健のように梅機関謀略の深部への関与は許されなかった。南京で新政権の樹立と存続のために働いた神尾はやがて軍によって功績を認められ、1942年に翼賛会から推薦され、衆議院議員に当選した。大陸新報社長をやめた福家が同じく影佐の引きと朝日新聞社の支援によって弱冠三十歳で翼賛会の議員になったようにである。なお神尾は財団法人化した大陸新報社の本社顧問となっている（121頁参照）。

緒方の上海訪問と神尾茂

ところで神尾の日記には、忘年会や緒方ら幹部の来訪の接待などで、神尾が朝日上海支局によく立ち寄っていることが記されている。たとえば1939年12月20日に緒方が上海に到着し、

28日まで滞在した時の日記である（「上海日記」『香港日記』167―169頁）。

十二月二十日（水） 一時四十分発、白川、壁谷両君と大場鎮飛行場に到る。三時五分、緒方君到着、表忠塔に参り、廟行鎮の三勇士記念碑を弔ひ、高橋政治部隊建つるところの「嗚呼爆弾三勇士皇軍精神発揚の地」なる標柱を見て、高橋君のかくれたる仕事を偲ぶ。市政府に到り朝日新聞が飛行に助力せるために、海軍より与へられたる建物付二万坪の地面を見て、上海神社に参詣し、分れて梅華堂に到り、影佐少将に緒方君の来訪を報じ、明朝九時会見の約束を得て支局に到り、雑談数刻、支局同人の歓迎会に出席。

十二月二十一日（木） 九時、重光堂に到り緒方君一行を待つ。十時五十分一行に分れて梅華堂に到る。谷萩大佐ら在り、緒方氏周仏海に会ひたき旨申入れたところ、雑音多くして工作に悪影響ありとて拒否さる。明日石原少佐を同道して、汪公館に同道したいと言へば、軍人の権威に関すとてこれまた拒否さる。

七時半より六三園に於て石渡蔵相主催、汪兆銘並に同志の招待宴に列席す。汪兆銘氏に咫《し》尺《せき》し献酬す。周仏海、梅思平、丁黙邨、高宗武、林柏生、褚民誼、傳式説ら、十時半まで大いに勉む。

マンションに立寄り、緒方君に会ひ十一時半宿へ帰る。

十二月二十二日（金） ブロードウエー・マンションに緒方君を訪ね、汪兆銘会見は緒方君一人と定め、壁谷君同道することにして出発、緒方君と予と二人だけ応接間に入り、汪と一時間語る。七時半より月の家、影佐少将、谷萩大佐、宇都宮中佐、宮脇中佐を招待、十一時半まで歓談。

十二月二十四日（日） 支局に到り緒方君の周仏海会見のことを協議、五時、津田長官を訪問、東京の様子をたづね、緒方君訪問は二十七日正午官邸にて会食といふことに決つた。

十二月二十五日（月） 梅華堂に到り影佐少将に会ひ昼食して、これから久原（房之助）、芳沢（謙吉）の訪問を受けようといふ影佐少将に注意すべき点を説明す。

七時より安積中学同窓会、明治時代は菊地と二人だけ、会するもの十一名なり。

十二月二十六日（火） 明日の予定につき、緒方君十時頃やって来た。明晩八時、岑経広に会ふことにした。四時、褚民誼より会ひたいと言つて来た。

十二月二十七日（水） 三時半、緒方、白川、嘉治君と一緒に褚民誼を訪ふ。支局に到り梅華堂の記者招待会に出席斡旋す。九時半、緒方君の代理として岑経広を訪問、会談数刻。

十二月二十八日（木） 六時に起き十分で服装を整へ、緒方君の室を叩けば已になし。急ぎロビーに出たところ、今玄関を去らんとするところだつた。白川、壁谷、根岸の諸君揃つて見送る。鉄道線に沿ひ閘北より真如に至り、大場鎮飛行場に達す。七時五十分発ダグラス機を送りて、途中に至り真紅の太陽を拝む。梅華堂に於て打合せ、明日褚民誼を訪はんとす。四時半愚園路の会議場から帰つて来たが、年末も年始もないぞと皆つぶやく。

十二月三十日（土） 七時半より三幸における朝日支局の忘年会に出席。福引あり「上海の女に惚れ給ふな」とありて「必ず綱を引くものがついてゐる」とて、電気スタンドを取る。

主筆、専務の緒方に対する新生南京国民政府の敬意と丁寧な対応ぶりがわかると同時に、梅華堂つまり影佐と緒方の関係が神尾を媒介にして深まっていることが判明する。緒方は台湾、上海、南京、漢口、北京、満州、朝鮮を一ヵ月かけて回る視察旅行の中で、上海訪問を基点に据え、そこで超多忙の政界、軍部の要人と会談して、かたわら、ホワイト・プロパガンダを日常的に行うオモテの朝日上海支局員、カゲの神尾、さらには『大陸新報』のようなブラック連中への監視、指導を怠らなかったと思われる。「上海をはじめ各地で支局全員を招く宴会を開き、十八番の『チャッキリ節』を披露したりした。上海では仏印から帰って間もない汪兆銘に会い、影佐機関にも行った」という記述（緒方竹虎伝記刊行会編『緒方竹虎』92頁）と符合する。

緒方、美土路らは神尾、尾坂がそれぞれの役割は違うものの、影佐のラインで上海で活動していることを知悉していた。しかし梅機関の会合で影佐から「秘密取扱事項の決定を示さる」（『香港日記』174頁）とあるように、神尾の工作の内容は軍事機密にかかわることなので、神尾も緒方らも尾坂には彼の任務を教えなかったのかもしれない。

なお影佐のことに触れた『大陸新報』の朝日関係者は神尾以外では戸叶武だけである。「影佐大佐とは二回ほど席を同じくしたが、彼からの意見を拝聴するのみで終わった」と戸叶の遺稿集にある。影佐は戸叶が朝日関係者であることを知っていたかどうかはわからないが、『大陸新報』の政治部長とはいえ、参謀本部の息のかかった新聞の記者である。本土の有力紙への対応とは異なり、『大陸新報』の記者あるいは幹部に対しては軍幹部として上意下達の姿勢で対応していたことがうかがえる。

十　緒方竹虎と辻政信

突然の辻の申し出

緒方竹虎は辻政信とは１９４０年まで面識はなかったようである。辻は関東軍参謀として１９３９年のノモンハン事件を指揮したが、ソ連軍に大敗北をし、多数の死者や捕虜を出した。その責任を一部取らされた形で支那派遣軍総司令部の無任所参謀に転出した。１９４０年６月、辻は朝日新聞論説委員の太田宇之助、毎日新聞編集局長の吉岡文六、満州国建国大学教授の中山優の三人を総司令部嘱託に就任するよう名指しで求めてきた。太田のもとへは馬淵逸雄報道部長からその意向が最初に伝えられたが、太田はこの唐突な話に驚き、戸惑った。軍の御用はまっぴらと思いながらも、将官待遇の嘱託という新聞人には前例のない優遇の申し出であったことに心が傾いた。即答しないで、朝日本社へ帰り、緒方主筆に相談したが、緒方も決めかねた。

そうしているうちに、数日経った後、南京から飛んで来た辻参謀が突然朝日本社に緒方主筆を訪ねて来た。そして改めての要請である。緒方主筆は辻参謀とは初対面であったが、同少佐から詳しい事情を聞き、軍への協力を懇請されて漸く同意の方向に動いて来て、丁度出社していた彼を主筆室に呼んで、辻参謀を紹介した。後に極めて深い関係となった辻参謀とこの時初めて会ったわけである。辻少佐も緒方氏とのこの初対面が縁となり、終戦後ビルマの戦線から脱出して本国に帰り着いた次第を書いてベストセラーになった『潜行三千里』は緒方氏の肝煎りで出版されたものなのだ。（太田宇之助『生涯―新聞人の歩んだ道』168―169頁。ただし『潜行三千里』は朝日が出版を断り、毎日新聞社から出版された）

太田が朝日紙上や総合誌などで論じる論調に辻は自身の見解と通じるものを見つけた。太田も自らの意見を辻が対中思想戦略に活用しようとしたことがわかった。また緒方はじめ朝日幹部の理解が得られるようになったので、太田は特派員としての渡航のときとは違う新鮮な気持ちで赴任した。辻は影佐らの工作で生まれた南京国民政府をどのような方策で中国人に浸透させるかに知恵をしぼることになり、そのための「思想戦指導要綱」なるものの作成に取り掛かった。

辻政信

辻中佐は大の理想主義者で、軍部内では石原莞爾派に属し、従って当時の陸相東条に対しては敵視するばかりの感情を抱いていた。中国に対しては石原将軍と同じように極めて親愛感を持ち、日中戦争を一日も速かに終結させたい、そのためにはわが方は大譲歩も敢て行うべきだというのが同中佐の個人的な意見であった。石原中将を中心とする「東亜連盟」の運動に辻参謀は熱心な同調者であったのは言うまでもないが、この根本的思想は本当に日中両国が平等の地位に立って東亜において両国で指導に当らねばならぬとするものだが、この主張を真底から信ずる中国側は勿論、日本でもまことに少数に止まっていたのは事実である。三嘱託のうち中山君は満州において石原莞爾大佐時代から親交あり、思想の点でも相通じていたので、南京着任後も主として現地における東亜連盟問題に特に関心を払っていた。

辻参謀のいわゆる「思想戦指導要綱」なるものが、赤松等の着任後具体的に、同参謀を中心に作られて行ったが、このうちの重要部分に赤松の熱心な主張が果断にも取り入れられたのは、彼の在任中での最も愉快とする産物だった。それは新国民党を積極的に援助し、強化を図るというもので、わが軍部が中国国民党を敵視して来たことは周知の通りであるのに、汪兆銘氏が中国国民と全く同じ思想と主義で以ていわゆる「新中国国民党」の育成に努めているのに対して、「支那派遣軍総司令部」が新指導方針の中で、これを援助しようとするのは奇観に相違なかろう。しかし、中国側の主潮に同調し、民心を把握するに努めなくてはならぬとする赤松の熱心な主張を総軍は容れるに至ったのである。（『生涯』171―172頁、赤松とは太田宇之助のこと）

辻は当時、支那派遣軍の一参謀に更迭されていたが、相変わらずの直情径行で緒方、太田など本土有力紙を巻き込み、このたびは和平派としての工作に躍起となっていたことがわかる。

このような辻の性向を知りつつ、またその一匹狼としての跳ね上がりを警戒しつつ、緒方は太田を辻の配下に置くことを了承した。太田は辻からの指名を光栄と受け取り、喜々として南京に赴いた。

太田、香港で貴重な情報を入手

南京国民政府の強化を媒介にした重慶と南京ならびに日本との和平の糸口を探ることが、辻や太田の狙いであった。

（一九四〇年）十月のある日の夜、辻中佐が突然彼を宿舎に訪ねて来て、事変解決の問題に対する重慶政府の真意を探ってはくれぬかとの相談である。このような基本的な問題は現地軍が取り上げる性質のものではないのだが、これは辻参謀の発想だった。辻参謀の事変処理に関する基本的思想は前述した通りで、そのためにも重慶側の最近の動向を知りたいからで、この任務には赤松が最も適任と、辻参謀が感じたに基づいているのである。至難な仕事であるが彼は試みることを承諾した。数日後赤松は同中佐から香港ドルの札束を手渡されて香港へ向ったのであるが、そのため、一旦台湾に軍用機で飛び、そこから厦門《アモイ》に渡り、さらに香港行の外国船に乗らねばならなかった。その時はなお英国で支配していたのであって、わが軍が香港を占領したのは太平洋戦争が開始されて後のことである。

香港に着いた彼は早速重慶筋との連絡工作に取りかかった。彼の唯一の目当ては同地の大公報主筆張熾章であった。張氏は一般に張季鸞《きらん》と呼ばれ、当時大公報が重慶政府の代表的言論機関紙であり、張氏はその主筆であるばかりでなく、彼は当代における親日派の第一人者で、赤松とは長年に亘る親密な間柄であるが、日中間のこの非常期にあって、蔣介石委員長のブレーンの一人として常に重慶、香港間を往復していた。日華問題に関し張氏が赤松の年来の努力を高く評価してくれていたことは前にも書いた。（『生涯』173—174頁）

たまたま張主筆は重慶にいたが、蔣介石側が南京を通じた日本側との和解工作に応じるつもりは全くないことを記した張の肉筆の書簡が香港の太田の許に届いた。太田は辻の指令で上京し、東条陸相、松岡外相にその書簡を示し、重慶の現在の姿勢を詳しく説明した。政府が南京国民政府を正式に承認したのはその直後であった。参謀本部のある参謀が、太田の香港から得て帰った情報が最も確実性があったと太田に話したらしい（『生涯』177頁）。

「太田宇之助日記」（昭和一五年）からこのときの動きを裏付ければ次のようになる。

一一月一一日

突然胡氏より電話あり。次で張氏の手紙を持参。之に返事を書くことを約す。急に緊張。出発前日、手紙を書いて居たところとて、よく間に合ったと喜ぶ。午はチャイナメールのヤップ君をホテル支那料理に招待。午後買物の後、長文の手紙を張氏に書く。夜、平尾、和田と最後に湾仔の厚穏福の北平料理を賞味し、ドライヴし夜景を賞し、九時胡氏の来訪を受け手紙を手渡す。

一一月一八日
朝食前、辻中佐訪問。昨日出発と決定。報道部の事務室に立寄る。教育部に趙部長を訪ひ、午、趙如珩邸の宴に陪席。部、次長とも会ふ。午後五時より参謀長官邸にて板垣参謀長、今井課長、辻中佐等に報告をする。七時終り。小沢開策氏を加へた宴にて労をねぎらわれ、感謝の意深し、九時帰宿。又も旅仕度。

一一月一九日
午前九時、辻中佐に見送られて南京を飛行機にて出発。正十時着。万歳館に入る。（略）

一一月二二日
午前十時出社。論説委員室の中央のわが机に初めて落つき、緒方に通知を書き、村山、美土路氏等に報告。午、本日帰滬する神尾氏と、銀五お多幸で話をする。午後も手紙を書く。午後四時参謀本部を訪ひ、園田大佐不在のため、そのまま帰宅。

一一月二四日
午前九時松岡氏を訪ひ、十一時まで語り帰宅。久し振りに家内の整理を手伝ふ。夕方炬燵を据え、土産話を一家揃って聞かせる。楽しい。

一一月二五日
好天気、出社の途中、三宅坂に園田大佐を訪ふ。昼食を鳥越君とニュートーキョーでする。午後吉岡君と会ひ、五時陸軍省に東条陸相と初会見。香港の情報を報告した。

東亜連盟嘱託就任とアヘン禁絶断行提案

太田の仕事は辻中佐の参謀本部への移動で終了し、1941年7月に吉岡文六、中山優、太田の3人は嘱託解任の通知を受けた。ところが太田のみに新たに「東亜連盟中国総会嘱託」としての依頼が来た。帰国して村山社長に報告すると、承諾してくれ、緒方主筆からは中支那特派員の名目で南京赴任を命じられた。周仏海との交流が密になり、『周仏海日記』に「太田宇之助が明日東京に行くので、わざわざ挨拶に来る。日本の国府強化はただ口先だけのことで、実際にはなにもないが、日本のためを考えれば、これ以外にはほかの道はない。終日重慶を夢想しながら何も得られないよりは、国民政府に自由にその能力を発揮させ、健全にさせた方が、日本に協力することができる、と伝えた。太田は深く賛成する。東京に行って、各方面に力説すると約束する」（1942年4月25日付け、444頁）といったように、彼は嘱託として初めて中国側から給与を得るようになった。汪主席に直接会って意見を述べる機会も増えた。しかし日本側や朝日への情報を送ることも少なくなかったという。たとえば辻政信との関係の中で次のようなアヘン問題への提言、政策実現があった。

辻政信中佐がシンガポール作戦の主任参謀として指導し大成功を収めた後、大佐参謀となって再び派遣軍総司令部に来任してからは、赤松は一層親しく交わるようになったが、辻参謀は総軍部内を切りまわして、「辻型」の「粛軍」を実行に移した。例えば佐官級の出勤には自動車を使用せず騎馬によること。民間人の宴席には一切出ないことなどなど厳しいもので、参謀連に一種の恐慌を起させたのだった。

赤松は汪政権に対する重慶政府の注意を喚起する政治的意図もあって、「外国租界の返還」や「アヘン禁絶断行」などの新政策を明確に掲げるよう建言したが、彼のこれらの意見書に対し、辻参謀も賛成し、殊に後者については積極的に強行するよう激励してくれた。当時、現地軍特務機関がアヘン商人（日本人をも含めて）から金を取って密輸を黙認していた実情であったのを、辻参謀は「いやしくもわが軍がアヘンのテラ銭を稼ぐとは怪しからん」と、真向から反対したのは痛快で、汪主席も意を強くした結果か、「阿片禁絶」が実施されるに至った。もっとも、実力の伴わぬ法令とて、有名無実に近いものになったが、何程かの成果はあったもので、これなどは赤松の在任中での「功績」の一つと彼は自負するのである。

（『生涯』181頁）

太田の朝日退社

しかし現役の論説委員の外国政府への嘱託は好ましくないとの意向が緒方主筆らを中心に強まり、太田に帰国命令を出そうとしたところへ、1943年3月、南京国民政府の経済顧問の話が舞い込んだ。それを受託し、同時に太田の朝日退社が決定した。

かねて本社へ召還させようとしていた東朝本社では、帰国した赤松からこの転末を聞くと、彼の望むがままに早速退社を認めることにした。他の公職につくとなると当然のことであるが、赤松は勤続二十五年の年に当っており、三か月ばかり足りなかったけれど、緒方主筆のはからいで特に「二十五年勤続退職」を以て遇して戴いた。早大を出てすぐに入社し二十五年間、朝日人として、しかも専ら中国関係で終始した異数の経歴を持って、ついに新聞界を去ることになったのである。まことに感慨無量であるが、誰しも一度は経験しなくてはならぬ人生行路で、いまその時が来たわけである。緒方主筆から彼に、中国現地における情報を求める意味で、特に前例のない社の「嘱託」になって欲しいとの要望があった。彼は感激を以て承諾した。しかし何故かその辞令はなく、事実上立ち消えの形となってしまった。二十五年勤続による退職金は、三万円であった。因みに彼はそのまま大切に銀行に預金したが、この預金は戦後封鎖され新円に切り替えられ、結局あわれこの虎の子はいくらも役立たずに消えて失くなった。（『生涯』185頁）

太田は終戦まで南京国民政府経済顧問、江蘇省政府経済顧問として蘇州に居をかまえ、南京、上海あるいは東京を往復する生活を終戦まで送った。もう一人の朝日からの協力者である神尾茂は梅機関を終えてから中国にいたときは太田とよく会っていたが、1942年、大政翼賛会から衆議院議員に当選して中国を離れた。神尾が梅機関に入ったときはすでに朝日を定年退職し、客員となっていた。ところが太田は現役であったため、戦中とはいえ、また傀儡政府とはいえ、外国の政府の嘱託となることはたとえ「国策新聞」と化した朝日とはいえ、好ましいことではないとの認識が緒方主筆側にもあった。

外務大臣重光葵に会ったところ、数年前まで上海で特務工作をになった「七十六号」機関の中心人物で、南京国民政府の高官となった「李士群の調査のみを依頼される。面白からざる感を抱く。彼の目付役のみにあらざる也」（「太田宇之助日記」1943年7月31日）。いわくつきの李士群のような人物の調査や監視を日本政府からもっぱら依頼されることへの不満が太田にはあった。ただし神尾ほどには地下の世界への接触は必要でなかったが、南京国民政府への国民政府や中国共産党の武力威圧が強まるなかでの顧問活動は気骨の折れる任務であったことはたしかである。

十一　特務機関と新聞

梅機関の暗躍

同盟通信の松本重治は1937年11月に影佐禎昭が新設の参謀本部第八課長、別名「謀略課長」に就任したことを友人から耳にしたとき、土肥《どい》原賢二《はらけんじ》の特務機関の謀略とは全然違って、彼の任務として「省部を合せて戦争の拡大傾向に対し、これを克服するという謀略が、参謀本部にも必要なのであろう」と語ったらしい。つまり松本は影佐を和平派と見ていたわけである。松本の著書『上海時代』には上海の地下社会や傀儡新聞、国策新聞記者との交流は出てこない。わずかに「福祉事業にも力を入れていた上海仏租界の青幇《チンパン》の首領杜月笙（江蘇省出身）とも、話のできる間柄であった」（『上海時代』（上）119頁）と1ヵ所あるだけである。つまり杜月笙の表の活動でしか接触できなかった。

影佐は職務上、アンダーグラウンドの世界とも密接な接触があった。神尾茂は日記で、その謀略とくに暗殺中心の特務工作（特工）については一言も触れていない。特工を指揮した丁黙邨の名が二度、李士群が一度出るが、いずれも宴会の場を記録したときである。しかし影佐を知る新聞記者は、影佐が担う梅機関を敵、味方を共にあざむく謀略本位の土肥原機関とは異質のものと見ていた。

上海のアンダーグラウンドで暗躍したのは、上海憲兵隊長の塚本誠大尉であった。塚本は戦後吉田秀雄の引きで電通取締役になったことは既に記したが、１９７１年に『或る情報将校の記録』を残し、次のように当時の工作内容と主要人物の活動を憲兵隊側から簡潔に説明している。

丁黙邨は湖南省の出身、周仏海と同郷で面識がある。ＣＣ団系の人物で、国民党中執委調査統計局処長として文化工作に従事していたが、戦争に反対したため職を追われ、昭和十三年夏、香港に亡命、その後李士群に招かれて上海に来たという。一説によれば病身のため南京陥落後上海に来ていたともいう。

李士群は浙江省の出身、共産党員となり、ウラジオストックの東方大学で地下工作を学ぶ。その後、蔣介石に逮捕されたため、転向して国民党に入党、ＣＣ団を経て国民党調査委員会調査統計局に入り、その地下工作を担当していたが、抗日戦争の前途に失望し、重慶を脱出、ささやかな汽船会社を経営しながら、一方では上海憲兵隊滬西憲兵分隊の密偵をやっていたという人物であった。（２４４—２４５頁）

土肥原機関が上海で悪名をとどろかせたのは、丁や李を使って、上海に徘徊する中国国民党中央執行委員会調査統計局（Ｃ・Ｃ団）、国民政府軍事委員会調査統計局（藍衣社）メンバーの強制監禁、殺害、脅迫といった特務工作を行ったためである。とくに藍衣社は戴笠が率いる謀略と暗殺の国民党の軍秘密機関で、上海で汪精衛派の工作員に対して暗殺を図る中心勢力であった。藍衣社と「七十六号」機関とは土肥原機関時代から抗争していたが、その抗争は梅機関となって一層激化した。「七十六号」の背後に梅機関がいることは、すぐにその地下世界では知れ渡った。しかし丁默邨、李士群両人の青幇《チンパン》らを使った土肥原機関での暗躍ぶりを波多博からも神尾は耳にしたはずである。また梅機関でも半年近く行動をともにしたのであるから、彼らのウラの顔を把握していたはずだ。一方、緒方や美土路らの朝日新聞社の幹部は彼らのギャング的行動をあまり知らなかったし、背後からの影佐のコントロールを知らずして影佐に接触していたのかもしれない。

ともかく梅機関も従来の特務機関としての「影」をもっていた。実際、影佐の『曾走路我《そぞろが》記《き》』の「梅機関に就て」には、「晴気中佐及塚本少佐は従来の人間関係もあり、引続き丁默邨氏等の工作に協力した」という記述があることを見逃すわけにはいかない。「影佐はこの梅機関を世間の所謂特務機関と混同されるのをひどく嫌って、彼の仕事場を梅華堂とみずからも名づけ、世間でもそれが通り名になっていた」と側近の犬養健は回想『揚子江は今も流れている』の中で語っている。犬養は晴気慶胤らの工作の実態を神尾よりも熟知していた梅機関の数少ない民間側顧問であった。

暗殺工作を指揮した影佐

影佐は従来型の特務機関とは異質な機関の長として、外務省役人や民間人との「協力会議体」の形で半ば公然と南京政府樹立に邁進する一方、次のような1939年2月10日付命令を参謀総長名で晴気少佐に秘密裡に出している（晴気慶胤『謀略の上海』）。

晴気少佐ニ与ヘル訓令

一、大本営ハ上海テロ対策ノ一環トシテ、丁默邨一派ノ特務工作ヲ援助セントス

二、貴官ハ上海ニアツテ丁默邨ト連絡シ、特務工作ヲ援助シ中支軍ノ行フ租界対策ニ協力スル傍ラ土肥原機関ノ残務ヲ整理スベシ

塚本誠憲兵大尉及ビ中島信一少尉ヲ配属ス

三、特務工作ノ援助ニ当ツテハ左ノ件ヲ適宜丁默邨ニ連絡スベシ

1、租界ニ於テ行ハレル反日策動ノ封殺ニ専念シ特ニ工部局トナルベク摩擦ヲ起サザルコト

2、日本側ニ関係ヲ有スル中国人ヲ逮捕セザルコト

3、汪兆銘ノ和平運動ニ合流スルコト

4、三月以降、月額三十万円ヲ、マタ拳銃五百挺、弾薬五万発及ビ爆薬五百瓩ヲ貸与ス

また別の資料は、影佐の命令（1940年1月15日付）を晴気が忠実に実行していたことを示している。

特務工作拡大強化ノ研究ニ関シテハ、本十四日晴気少佐ヨリ詳細ノ説明アリ。当軍ハ右ヲ基礎トシテ今後更ニ具体的方法ヲ検討ノ上実行ニ移シ度意向ナリ。

就テハ近ク右具体案作製ノ上報告スベキモ、取敢ズ晴気少佐ヲシテ当方ノ意向ヲ伝ヘシム

ルヲ以ツテ了承アリ度（『日中戦争　対中国情報戦資料』第6巻、254頁）

特務工作面では梅機関も土肥原機関の路線の継承だった。いや梅機関は土肥原機関よりもさらに上まわる特工を遂行し、汪政権を守ろうとした。影佐も参謀本部の支援を得て、暗殺工作を指揮した。影佐の下にあって晴気とともに暗躍したのは、前出の塚本誠であった。塚本は戦後、次のように当時の工作内容と主要人物の活動を憲兵隊側から簡潔に説明している。

特務工作の総指揮部は「特工総部」といわれていた。特工総部は滬西極司非面路《ゼスフィルド》七十六号にあった。ここは元国民政府軍事参議院長陳調元大将の邸宅だった。外見は刑務所を連想させるような構えで、門扉は一面鉄製、小さなのぞき窓が一つある。周囲にはバリケードが置かれており、塀の上には有刺鉄線の柵が設けられている。門外には、人ッ子一人いないが門の両側の塀の上には見張りの眼が光っている。この見張りの合図がなければ門扉は絶対にあけない。門の内側には、大型拳銃で武装した門衛が数名立哨している。四六時中重慶側の奇襲に備えているのである。もちろん、相応の武装人員は常時待機していた。また構内には無線通信の鉄塔もそびえていたし、武器修理工場も持っていた。

独立した小別館には、上海憲兵隊本部特高課の精鋭四名が常駐していた。そのメンバーは渋谷芳夫准尉、長岡正夫軍曹、坂本誠伍長、佐伯伍長であった。その目的は、特工総部と常時密接な連絡を保持することであったが、この地域がイタリア軍の警備区域であり、租界当局の構築した道路に接していたから、租界警察および外国軍隊の立入捜査を阻止することが大きなねらいであった。

後日、上海では「泣く子もだまる七十六号」といわれた特工総部は以上のような輪郭だった。（『或る情報将校の記録』245〜246頁）

影佐の手足となった晴気と塚本のコンビが動かす梅機関の隠れた工作は、影佐の忌避する従来の特務機関を上まわる陰湿、粗暴な特工集団とのイメージを浸透させた。晴気らは丁黙邨、李士群を競合させながら、蔣介石側あるいは共産党側の工作員の暗殺に邁進した。次は晴気の著『謀略の上海』の「七十六号」の1940年頃の描写である。

一歩租界に踏みこめば、そこには兇暴な血の嵐が吹き荒んでいた。テロにたいする新しいテロが猛然と起って、人々を恐怖のドン底にたたきこんだのである。それはいうまでもなく、藍衣社にたいする『七十六号』の、真っ向からの挑戦だった。租界という便利な隠れみのも、もはや藍衣社には役に立たない。昨日までの藍衣社は、どこかでテロをやって、そうして租界に逃げこめば、もううるさい日本の憲兵隊も、手も足も出なかった。抗日新聞は、租界によって東洋鬼日本の悪名を全上海にまき散らしていたが、日本のいかなる力をもってしても、租界内にあるかぎりその印刷機を、ほんの一秒といえども止めることができなかった。

だが、いまは違う。租界内に起った『七十六号』の猛々しいテロが、藍衣社をたたき、抗日新聞をぶっ潰していくのである。これは重慶側にとって、いい知れぬ恐怖となった。至るところでピストルが火を吐き、人が倒れた。藍衣社が射ち、『七十六号』が射たれ、『七十六号』が射ち、藍衣社が射たれた。テロ対テロの凄じい死闘であった。

機密を聞き出すか、殺すか

影佐は参謀本部の支援を得て、暗殺工作を指揮した。彼の下にあって犬養健もその現場を垣間見たことがある。重慶側の軍事調査統計局の若い女性工作員の鄭蘋如は、七十六号の丁默邨に近づいた。クリスマスのプレゼントをねだって彼をシベリア毛皮店に誘った。そこにはピストルを持った二人の刺客が待っていて、丁を店頭で乱射した。すんでのところで助かった丁はまもなく鄭を上海郊外で処刑した。犬養は吉田内閣の法務大臣の時、造船疑獄事件で指揮権を発動し、政界から退いた後、梅機関や七十六号の生態を実際の現場体験に基づいて描いた『揚子江は今も流れている』を出版した。同書は鄭蘋如事件と次の事件も扱っている。

蘋如の事件があって以来、丁默邨のジェスフィールド路七十六号の本部では遅れ馳せながら女スパイの動向について総合的な調査を行なった。その結果、重慶の方面から大勢の女スパイを計画的に上海に潜入させてある事が分った。これは汪精衛の若手の官吏に独身の者が多いという弱点をねらっているものであった。これらの女スパイには二つの令厳な法則が命ぜられていた。機密を聞き出すか、殺すか、どちらかである。

周仏海と梅思平など幹部は仕事が終わってくつろいだ晩餐会をフランス租界の別荘風の建物で開くことになった。犬養も特別例外として参加を認められた。そこには身元をよく調査したダンサーを三、四人、給仕人がわりのご愛嬌として連れ込んで来た。

このダンサーのなかにひとり十六、七のあどけない利巧な小娘が交っていた。顔は美しくないが動作に活気があふれて人の好感をそそっていた。ことにこの小娘の鼻の尖端が急に高く持ちあがって上を向いているのは愛嬌がある。犬養は会合でこの小娘に出あうたびに、自分の鼻先きを手で押しあげて、彼女への「今日は」の挨拶の代りにしていた。犬養は彼女に「シラノ」という綽名をつけた。

ある日の会合の時であった。李士群が手洗所に入る間、彼のピストルを皮帯ごと客間の卓のうえに置いて行ったことがある。シラノは早速これを眼ざとく見つけて、

「これ、永安公司《コンス》のデパートで八塊五毛《パークワイウーモ》（八ドル五十セント）で売っているわ。皮ベルトが付いて二挺そろっているのよ」

などと云いながら、何を思ったか、突然真正面の椅子に腰をかけている周仏海めがけて覘《ねら》いをさだめた。この不意打ちに狼狽した周は卓の下に上半身を隠すし、他の者は「あぶない。あぶない」と大声に制止しながら寄ってたかってシラノの手を押えた。この騒ぎを聞きつけて、李士群が手洗所から飛び出して来た。そして部屋の隅に立ったまま、喰い入るような鋭い眼差をシラノの横顔に投げていた。やがて李は、まるで自分がシラノに頼んで預かってもらった品物ででもあるかのように、黙って、静かに、鄭重にそのピストルを受け取った。

「あら、これ、本物なの。でも、永安公司では馬に乗った人形がこれとそっくりの品を持っていたわ。ごめんなさいね」

「あれは西部劇のカウボーイの玩具のピストルだ」

と梅が苦り切って吐きすてるように答えた。座はすっかり白けた。（中略）李士群の手でだんだん隠密裡に調べて行ったあげく、やはりあのシラノが怪しいという結論を得た。周仏海の家では早速いつもの定連が集まって善後策を講じたが、何よりも先ず専門家の李士群の意見を聞こうという事になった。

「これは騒ぎ立ててはいけませんよ。騒ぐとあの小娘は逃げてしまうし、重慶側の新しく打って来る手のうちが全然振り出しに戻って、しばらくの間はこっちで見当がつかなくなるという不利がありますからな」李は自分がシラノの身元調査を行なった面目丸つぶれという事もあって、不機嫌な声でこう説明した。「一つ、大変よい案があるのですが、さあ、皆さんにそれを実行する勇気がありますかな」

李はにやにや笑いながら、座の者を見廻した。

「このなかのどなたか、あの娘と同棲してもらうのです」

みな、「それぱかりは」という、躊躇のいろを見せた。

「そうでしょうな。では、私が同棲しましょう」

ところが、次の会合の日に李士群が何気ない振りをしてシラノに召集をかけると、彼女はそのまま無断で欠席したばかりではなく、雇われていたナイトクラブにもぱったり寄りつかず、その他上海のあちこちの彼女の行きそうな場所にもそれきり姿をあらわさなかった。十六の小娘の本能の方が、李士群の鍛えあげた腕前よりもさらに一層上廻っていたわけである。

（『揚子江は今も流れている』２５４―２５６頁）

梅機関の解散は偽装

影佐は汪政権が南京に成立した時点で、梅機関は解散されたと見なした。彼は梅機関から足を洗うかのように、汪政府最高軍事顧問に就いた。梅機関での功績を認められ、陸軍少将にもなった。ところがその後に東条英機ににらまれ、1941年に満州の第七砲兵司令官、さらには1943年にラバウルの第三十八師団長に転任した。なお1942年に陸軍中将に昇進した。

梅機関はその悪名を蔣介石を支える連合国側のインテリジェンス機関にとどろかせていた。連合国側は梅機関を土肥原機関の系譜の特務機関と見なして、その実態把握に躍起となっていた。たまたま1944年に漢口から南京に向う途中に不時着した民間飛行機に乗っていた沖野亦男海軍大佐が国民党側に捕らえられた。さっそく英米のインテリジェンス機関が沖野を尋問した（拙著『日本兵捕虜は何をしゃべったか』）。沖野は漢口大使館付武官で、影佐や梅機関員の工作を知りうる立場にあったし、影佐が国民政府軍事委員会最高顧問、晴気や塚本が陸軍側顧問となったとき、ちょうど海軍側顧問に就いていた。連合軍を喜ばせたのは、沖野が梅機関について持つ情報であった。沖野は「1939年の汪精衛政権の樹立にかかわった特務機関で、1940年に解散した」（American Embassy, Office of the Naval; Attache Chungking, China Interrogation of Japanese Naval Prisoner of War, Captain OKINO Matao, by British, 1944.10.19, RG38 Oriental Box8）と語っている。しかしアメリカ側では梅機関は偽装解散したにすぎず、汪政権の存続のために工作を継続していると見ていた。次はアメリカ陸軍参謀本部の「梅機関にかんするリポート」（Army Staff, Report on the Ume Kikan, 1947, RG319 Box1793）の著者訳である。

梅機関は影佐少将（現在は中将で、陸軍ラバウル師団長として1943年に赴任）によって彼が参謀本部にいたとき反蒋介石の第五列組織として結成された。太平洋戦争勃発前後におけるその機能は以下の通りである。（1）松機関（岡田大佐）、（2）桜機関（サカタオ中佐、現在湖南軍監視司令中将）、（3）蘭機関（和知中将、現在は南方軍総参謀副長）。これらの機関は参謀本部直轄の特務機関であり、あらゆる形の第五列活動を行うのが主要任務であった。当初、梅機関は南京に本部があって、そこから南京政府軍事委員会調査統計局（李士群主任）と南京政府樹立工作を行う特務機関を指揮していた。上海の支部は七十六号機関（愚園路七十六号）であった。東京では梅華堂という支部があった。1942年6月から江蘇省の村々での清郷工作が開始された。梅機関はこの工作を背後から支える中心勢力であった。軍事顧問の晴気中佐（現参謀本部中国課長）が指揮を執った（中略）。梅機関のこうした工作は秘密裡になされた。第一段階では南京政府樹立のための大規模な特務工作がなされ、第二段階では南京政府の指揮とそれの各省への拡大をおこなった。第三段階の1943年には主として重慶政府の経済破壊工作がなされた。その組織は上海に移り、さらに1944年からは漢口に移り、第三戦闘部門で工作を集中させた。これらの工作は終戦まで続いた。1943年はじめに影佐中将が軍事顧問から更迭されると、梅機関は参謀本部第二部の指揮下に入り、軍事顧問団の活動は停止した。代って梅機関の創立当初からいた中島信一大尉が指揮をとった。

梅華堂の所在地を上海でなく東京とするなど、この資料は事実の把握に若干の誤りがあるとしても、蛇の道は蛇である。連合軍側の謀略機関はこの日本側謀略機関の成立と活動の概要、とりわけ汪政権樹立後の動きをかなり正確に捉えている。実際、陸軍参謀本部は工作を成功させた梅機関の解散を惜しんだ。影佐が離れた後も、終戦まで梅機関がかなり組織的な活動を行っていたことがわかる。梅機関の名称は公的には消え、組織は小さくなり、工作員は広く分散し、桜機関とか蘭機関とかの名称の組織に分裂していたが、参謀本部による指揮系統には変りがなかった。つまり梅機関の解散は一種の偽装で、実質的には存続していたとの連合軍側の認識は正しかった。

また連合軍側では江蘇、浙江省などの清郷工作を推進するために、日本軍機関が重慶特工組織や中国共産党の新四軍の掃討に力を入れていることに注目していたし、その力量もあなどれないとして終戦まで警戒を怠らなかった。

今まで紹介した以外でも、延安にいた日本兵捕虜からの証言をまとめた「梅機関―日本の超スパイ組織」(OSS, Kunming; Ume Kikan—Japanese Super Spy Organization, 1944.4.10, RG226 Entry173 Box10)や1944年末から45年2月にかけて上海、南京の情報をまとめた「梅機関の系統図」(MIS; Ume Kikan, Espionage Organization, 1944.10.16, RG319 Box1793)などのアメリカ側資料がある。いずれも日本の敗北が濃厚となった時期にまとめられたものである。前者はMIS(陸軍諜報部)、後者はOSS(CIAの前身)のリポートであるが、これらの諜報謀略機関にとって、インテリジェンスと破壊活動(サボタージュ)を組み合わせた梅機関の活動は恐怖の対象であるとともに興味深い分析対象であったことがわかる。

横行する新聞へのテロ

たしかに上海では日本・南京側と連合軍・重慶側との血で血を洗うこのようなテロが続いて止む気配はなかった。『大陸年鑑』1942年版は1940年下半期から1941年上半期の新聞社に向けられた五つのテロの事例を掲げている。この時期は上海租界で蔣介石派の外国籍華字紙が汪精衛派の華字紙と激しく対立している時期であった。

○ 昭和十五年十月三日午後十時五十分頃上海共同租界福州路所在の汪派華字新聞平報社に数名の支那人が自動車を乗りつけ、突然車内より同社目がけて手榴弾を投入して逃走した。重慶テロ団の悪むべき犯行とみられる。

○ 昭和十五年十月十日午前六時四十分上海四馬路、河南路角の汪精衛氏派機関紙たる中華日報社分舘地下の機関室に爆弾二個を投入した者があり、内一個が炸烈、機械類を破壊したが死傷者無し。双十節当て込みの重慶テロ団の仕業とみられる。

○ 重慶側日刊紙として事毎に抗日反汪的なヨタ記事を製造してゐる申報編輯次長金華亭は昭和十六年二月三日午前四時半頃上海共同租界愛多亜路を通行中支那人暴漢に襲はれ、ピストルの乱射を受けて即死した。

○ 上海所在の日刊新聞華美晩報は重慶側御用紙として抗日反汪の毒舌をふるつてゐるが、昭和十六年四月三十日同社経理朱作商は共同租界北京路の自宅前にて一名の暴漢からピストルを以て射撃をうけ即死した。

○　昭和十六年八月九日上海共同租界北河南路五九号所在の中華日報社（社長林柏生氏）地階輪転機室で仕掛焼夷弾が爆発、一面火の海となり四階まで延焼、殆んど同社屋を全焼しつくした。あきらかに重慶側のテロ行為とみられる。（286〜288頁）

『大陸年鑑』は大陸新報社が発行していたのだから汪精衛派である。だが、汪派の「抗日紙」へのテロも二例を「暴漢」のしわざとして挙げざるを得ないほどに、梅機関の支援を得た汪派のテロが激しかった。梅機関もこのテロを必要悪と認識し、それを奨励していたことはたしかである。

ただ「七十六号」のこうしたテロは無差別になされたものとは必ずしも言えなかった。それは梅機関が「丁黙邨側工作報告」として毎月作成し、参謀本部、陸軍省、中支那派遣軍などに提出していた膨大な報告書を見ればわかる。テロ実行の丁黙邨側では「各新聞カ記載スル通訊社ノ原稿、電報通信文及一切ノ記事ハ毎日全部詳細ニ審査シテ本機関工作ノ目標ヲ決定シアリ。即チ抜粋簿ヲ作リテ我党ノ主張ト合致セサル部分ヲ毎日切リ抜キテ貼付」（『日中戦争　対中国情報戦資料』第6巻）するという地道な作業を行っていた。1940年2月の報告書には次のような調査結果が記載されている（72—73頁）。

新聞界ノ各項動向情報ヲ蒐集ス

上海ハ全国ニ於ケル新聞界ノ中心地ナル為、重慶側ヨリ当地新聞界ニ投スル活動費ハ月額数十万元ニ達シ、新聞主持者及記者ニシテ金銭ノ誘惑ヲ受ケ虚偽ノ宣伝ヲナス者甚タ多シ。

又共産党側ニ於ケル上海新聞界トノ連絡工作ハ、戦後極メテ積極的活動ヲ為シアリ。依ツテ我方ハ新聞界ノ動向蒐集ニ尽力セリ。本月分調査シテ報告スル情報ハ五一件ニシテ、其ノ内訳左ノ如シ。

A　中美日報ニ関スルモノ　十五件
B　新聞報ニ関スルモノ　六件
C　大美晩報ニ関スルモノ　五件
D　大晩報ニ関スルモノ　三件
E　華美晩報ニ関スルモノ　三件
F　華報ニ関スルモノ　五件
G　中報ニ関スルモノ　三件
H　神州、総匯、訳報ニ関スルモノ　一件
I　個人ニ関スルモノ　六件
J　科学印刷公司ニ関スルモノ　一件
K　其他ニ関スルモノ　一件

其他系統的専報トシテ完成セルモノ左ノ如シ

A　中報ノ全職工及通訊処調査　一件
B　上海市内各新聞社職工ノ個別的調査（中報、新聞報、華美晩報、大美報「朝刊、夕刊、周報ヲ含ム」大晩報、中華日報）　六件
C　各新聞読者個別的調査第一編（新聞報、中報、華美晩報、時報）

ともかく両陣営のテロが新聞社あるいはジャーナリストに向けて繰り返されたわけは、メディアがテロを扇動、指揮していたからである。というよりジャーナリスト自身がテロリストかその仲間であったからである。こうしたテロは終戦まで頻発していた。それらを連合軍側機関が無視できなかったのは当然である。

「七十六号」のテロ報告

こうしたテロの実際の場面を1940年の大美晩報襲撃で見てみよう。この事件については先の『大陸年鑑』も記載していないごくありふれた抗日紙襲撃にすぎないことを知っておきたい。『大美晩報』は米国籍でフランス租界の愛多亜路19号にあった。幹部はC・V・スタール、袁倫仁、張志韓等で、発行部数は1万8千。夕刊紙としては最も影響力があった。英字紙イヴニング・ポストの華字版として反汪色が強く、同社幹部の一人だった張似旭は1939年7月、静安寺路で暗殺された。同紙の朝刊である大美報は1940年には停刊中であった。以下は同紙を襲撃した七十六号特工総部のリポート「大美報襲撃事件専報」の要約である。

『大美晩報』は愛多亜路19号のビルの3階に停刊中の『大美報』と同居している。英字紙は2階に編集部がある。ビルの内外はベトナム人や中国人の見回りを配置し、前門、後門には装甲車を常駐させるものものしさであった。そこで特工本部では新聞販売人に変装した2名を毎日早朝状況偵察に派遣し、さらに新聞社内部の要所を細密に調査した。

1940年4月27日に特工部ではこの『大美晩報』へのテロを実行した。3時30分本部李主任の監督指導の下、2人が小売商人に変装し、別に2人の新聞配達人に扮装した者も同行。3時50分、分隊の1人が祥生自動車のタクシー1台を雇い、人通りのないところで運転手を目隠しにして、本部に拘禁。そして別の隊員に運転させ、隊長以下が乗り込み、4時50分、目的地に到着。自動車はそのビルの裏手近くに停車させる。

隊長の命令一下、信号銃声でまず装甲車を急襲し、ベトナム人看守数名を負傷させる。次に門衛を襲撃し、中国人見回りを追い散らす。彼らの拳銃による反撃も手榴弾で制圧。一方、新聞社内に潜伏していた特工部員が機械室に入り、一斉に爆破して、6弾命中させ、機械破壊の目的を達成させた。機械室の甚大な被害、見回り1名死亡、職工など重傷者多数。特工部側は負傷者3名であった。

この襲撃騒ぎでフランス租界の警察官がそのビルを包囲したため、特工員はモーゼル銃と手榴弾で包囲線を脱出。バンド一帯の警察も自動車に向け乱射したが、無事に脱出。そして自動車に乗らなかった者それぞれが人力車を雇い、本部に帰還した。

英仏警察は恐怖におののき、今後はテロをやめるように希望すると職員が本部におそるおそる電話をかけてきただけである。当方は外国名義の各紙に和平運動を妨害し、読者を欺瞞し続けるなら、今後ともこのような襲撃を行うとの郵便を数十通発送したという。

この事件は翌4月28日の『大陸新報』の第2面（社会面）の左隅上の6段に写真入りでかなり大きく報じられた。事件の経緯が「大美報襲撃事件専報」とほぼ同じようにまとめられている。しかし「襲撃された大美晩報は米籍華字紙で、重慶的色彩が濃く、また最近は反汪宣伝に躍起の悪質デマを飛ばしてをった。昨年七月廿二日夜にもすぐ傍の大晩報などと共に襲撃され、支那人五名、米人一名が惨死したことがあり、以来フランス租界当局では付近一帯にタンクを配置、トーチカを築いて物々しい警戒を続けてゐるが、けさの襲撃事件はそれを物ともせず行はれたもので、極めて大胆不敵、且つ計画的である」と襲撃された新聞の反汪姿勢に原因があるとして、攻撃側を正当化するどころか、賛美さえしているのだった。

以上のような事実から見て、影佐禎昭は自ら率いる梅機関と「七十六号」を裏から指揮し、南京国民政府側の新聞メディアの社屋・機械の破壊やジャーナリストへの襲撃などのテロ行為をいわば白昼堂々と実行していた。影佐は右手で紳士然と緒方竹虎、松本重治らと握手しながら、左手で「七十六号」の丁默邨や李士群に何くわぬ顔でジャーナリスト暗殺のサインを送っていた。

十二　太平洋戦争と中国新聞協会の結成

『上海毎日新聞』を合併する

１９３７年、第二次上海事変下の砲火の拡大で発行不能に陥った上海の邦字三紙は軍官の支援で『上海合同新聞』を発行して、かろうじて読者の戦況ニュースへのニーズに応えていた。ところが事変終了後、『上海日報』が買収されて『大陸新報』となり、またそれ以前に『上海日日新聞』が『新申報』となったため、上海に残る民間新聞は『上海毎日新聞』一紙のみとなった。『大陸新報』は１９４３年2月1日に『上海毎日』と合併し、「中支那における唯一の邦字新聞として新発足」したことを社告した。これは本土や満州などでの軍部による新聞統合の一環で、先の創刊時の暗号電報が示唆していたものである。この合併は１９４１年から上海陸軍報道部の方針であった。というのは国策新聞として軍が期待した割には上海を中心とした華中での部数の伸びが順調ではなかったためであろう。合併には『大陸新報』の方は異論がなかったが、問題は『上海毎日』の深町社長が乗り気でなかったことである。

１９４１年前期の決算で『上海毎日』は純益3万円を計上し、これを全て後期繰越金に繰り入れる好成績を示した（『現代新聞批判』１９４１年6月1日号）。１９４２年の南京国民政府の調査（表2）で『上海毎日』は発行部数で1万4百部と『大陸新報』に1千部あまり足りないだけの健闘を見せ、紙面朝夕刊各4頁、購読料、広告料ともに2円と二紙は互角の競争を堂々と展開していた。国策新聞と朝日特約記事を売り物とする後者よりも、民間的立場でかなり自由主義的な姿勢を見せる前者の方が、上海居留の日本人の気風に受け入れられやすかったと思われる。

国策新聞『大陸新報』に対抗する唯一の民間新聞としての自負の念、長年築いた伝統と読者の信用が満州や華北の新聞には見られない強い統廃合への抵抗を生んだ。深町や主筆の園田日吉は「反骨の人」で、戦前の思想弾圧事件「滝川事件」で上海に渡った京大生を雇い入れたり、園田は日中戦争で中国側が負けないと読める雑誌寄稿が元で憲兵隊に引っ張られたりしたらしい。『上海毎日』の最終号に載った「廃刊の辞」の題は「咲くも花、散るも花」。これは廃刊に至ったことについて、暗に軍部批判を秘めた文章であった（『毎日新聞』西部版２００５年8月21日付け「還暦の戦後・上海毎日新聞社・下」参照）。

「太田日記」にはこの合併問題の調停にあたる過程が記載されている。１９４１年12月13日から「ブロードウェイマンションに尾坂君を訪ひ、大陸上毎の合併問題につき深町君紹介の件を決意し、次で深町君の来訪を受け、三人寄ることを決す」との記載があり、翌12月14日に「夕方三幸にて大陸の尾坂、深町両君を引き合せに招待した。合体するにも両立する上にも協力せしめたいため也。好結果なりしと思ふ」とあったが、翌年からは難航し始める。そこでたまま三人が上京した１９４２年2月2日、銀座中嶋に招いて合併話をしたが、深町が迷って結論はでない。「太田日記」ではその年十数回この話合いの経過が出る。１９４２年10月12日には岩崎報道部長が華字紙『武漢報』理事長への深町就任を勧めたがこれも断られた。それでも合併案起草まで進んだが、11月に深町夫人が死去し、また話し合いは止まる。ようやく合併にこぎつけたのは1943年2月1日だった。尾坂や陸軍報道部から太田宇之助へ仲介依頼があってから1年2ヵ月もかかっている。これは軍部ファシズム支配期としては異例の長さである。深町がなぜ合併を逡巡したかは「太田日記」には出ていない。ともかく太田の斡旋が軍側に感謝されたことは、合併成立直後の記述から分かる。

二月二二日

岩崎報道部長を訪ひ、漢字紙の合併問題等につき相談を受く。

上毎合併問題に尽力されたる謝礼とて、部長より紀念品代りとて水引の包を呈せられ之を受けたるところ、二千円の現金にて意外の大金に驚く。恐らく軍報道部の会計によるものにて、紙にて支那側を搾取した儲けの一部だらうと思ふと妙な気がするし、今更現地生活の一面に触れたやうな気がする。（略）

二月二三日

尾坂、深町両君等と共に軍報道部を訪ひ、昨日の「金一封」に対して礼を述ぶ。（中略）夜大陸新報の連中と共に梁園に招かる。烤鴨子が百元となったのには驚く。夜十二時まで自室にて尾坂君と雑談。（略）

二月二四日

（略）上毎深町君を主賓とする大使館側の主催に堀内公使官邸の午餐に招かれ、宴後深町君と泰山閣に至り池田君を交へて夜にかけて碁を打ち、夜遅くなって遂に宿を取る。珍らしきこと也。深町君と枕を並べて寝るも珍らし。

大陸新報社と朝日上海総局の英字紙ビルの占拠

『大陸新報』1943年5月17日付には本社新社屋移転の記事があり、16日に新社屋3階で行われた尾坂理事長など全社員の参加した修祓式の写真がでている。大陸新報社はノース・チャイナ・デーリー・ニュース紙の社屋監理を海軍や大東亜省から依託され、その社屋名を大同大楼と改称、1943年5月15日、新社屋に移転した。「かくて往時、敵性紙として抗日的言論、デマ製造の本拠たりし南京路入口、黄浦港に臨む九階建高層建築の屋上には、今や大東亜建設を目指し、正義の言論戦に雄々しく起つ大陸新報の社旗が翩翻《へんぽん》と翻《ひるが》えるに至った」（『新聞総覧』1944年版）。

今も残る大陸新報社新社屋（写真中央）

ノース・チャイナ・デーリー・ニュース紙（華字名は字林西報）は最も有力な中国の英字新聞で、上海最初の英字紙であった。英国の上海、いや中国の権威を代弁する象徴的な新聞であった。英国人ヘンリー・シェアマンが1850年8月3日に創刊したもので、当初はノース・チャイナ・ヘラルドという週刊新聞であった。1864年に日刊新聞を出し始め、それがノース・チャイナ・デーリー・ニュースと称した。1901年に7817部という最大部数を発行した。当初は外国の貿易情報、船舶、保険情報や広告を売り物としていた。しかし19世紀後半から、上海が商業やファッションの都市になると、その関連の情報も重視された。上海が戦争や内乱の時代となり、中国が戦争や内乱の時代となり、上海がそれに巻き込まれてくると、同紙は政治記事にも力を入れるようになり、共同租界でのイギリスの立場を代弁する国策的な姿勢を示したが、極端な反日の姿勢は取らなかった。1924年2月にバンド17番地に新社屋を建設したが、それは当時のバンドで一番高層のビルであった。最上階には上海で最高の住み心地の良い二つのフラットがあった。編集室は5階に置かれていた。印刷機は地下で、消音効果があった。

太平洋戦争の開始まもなく、日本海軍によって占領され、即刻廃刊を命じられた筆頭にこのノース・チャイナ・デーリー・ニュース紙があった。週刊のヘラルド紙は廃刊となった。チャイナ・プレス紙も同様であった。華字紙では米国籍の『正言報』、『中美日報』、『大美晩報』、『華美晩報』、英国籍では『大英夜報』、『大晩報』なども廃刊となった。

引越時に立ち会った和田斉朝日上海総局長は朝日総局も『大陸新報』と引っ越したことを裏付けている。

私は太平洋戦争の直前、香港支局長から上海総局次長となり、着任した。大陸新報社は当時西華徳路にあったが、ここはバンドから楊樹浦方面に行く街の途中の中国人の密集地帯内にあり、共同租界ではあるが、むしろ不便なところにあったので、尾坂さん達は、どこかもっと便利なところに引越したいと考えていた。太平洋戦争がはじまり、戦果が拡大してゆくに従い、南京路、バンドを中心とする英国系の接収建物に、日本側各機関や商社が入るようになるに伴って、通信、新聞機関の移転問題が起って来た。結局陸海軍側との話し合いでノース・チャイナ・デーリー・ニュース社屋に、大陸新報社と朝日新聞上海総局が入ることに決定した。何しろ大きいビルであるから、その管理がまた大変であった。

尾坂さんや朝日総局側は、接収建物の内部の現状に変更を加えないで使うことに一番気を配った。このことは、終戦となって、われわれが建物をイギリス側に返還する際、何らトラブルが起らなかった理由である。ただ使っている時は、大きなビルの中に、人間がバラバラという感じで、妙な気持であったことは忘れられない（中略）。終戦となり大同大楼をイギリス側に返還することはスムーズに行われたが、大陸新報解散後、社員が日本に引揚げるまで、会社首脳者はもちろん一般社員は並々ならない苦労を重ねた。（前掲『本社の南方諸新聞経営』213―214頁）

ノース・チャイナ・デーリー・ニュース紙の旧社員数名が日本降伏後の1945年8月21日に収容所を出て、そのビルに入った。心配していた膨大な資料はどこにも見つからなかったが、しばらくして別のところに保管されていることがわかった。しかしそれらはすんでのところで、東京に送られる予定になっていた。新聞社の機器や設備は上海中に分散されていることがわかった（http://www.chinese-architechture.info/Bund/SH-BU-012.htm）。手つかずに置いていたため返還時にトラブルが皆無であった、という和田証言とはくい違っている。

このビルを占拠することは、上海ばかりか中国の代表格のメディアとなる資格を持つことでもあった。大陸新報社は邦字新聞だけでなく華字紙を所有していた。英字紙こそ発行していなかったが、近い将来の創刊を想定していたのかもしれない。朝日との関係が緒方―古野伊之助ラインで強く、軍部と関係の密な同盟通信社の華中総局も南京政府の中央通迅社もこのビルにあった。同盟の社員は五十余名であった（『通信社史』1958年、650―651頁）。なお1944年の大陸新報社の日本人は146人であった（『支那在留邦人人名録』第34版）。またそれを上回る中国人社員が働いていた。朝日支局員は二十名程度であった。

作家の武田泰淳は当時、上海の東方文化協会に勤めていたが、事務所から昼食の支給がなくなると、大陸新報社へ、昼めし時に通うようになる。

新聞社の食堂では、社員にだけ米の飯と茶が出る。二、三時間、校正の仕事を手伝えば、無料で食事にありつける。大陸新報の編輯長は、改造社の「大魯迅全集」の監修者、翻訳者の一人である。彼は、私の名を知っているので、私のさもしい要求を聞き届けてくれた。

（『上海の蛍』231頁）

朝日による大陸新報社の子会社化

当時の朝日の社員名簿や『新聞総覧』などに出ている朝日上海総局の住所が黄浦灘路1号善隣大楼となっていて、大陸新報社の住所の黄浦灘路17号大同大楼と違うことにとまどう。先の和田証言は上海総局が大陸新報と同時に移転したような内容である。朝日1986年5

月13日付け朝刊に「上海支局に新しい歴史」という伴野朗記者の記事が出ている。ところがこの記事取材には和田元支局長や太田宇之助も協力しているが、肝心の善隣大楼の所在をバンドで探したがとうとう建物が見つからなかったとある。推理小説家としても著名な伴野記者をもってしてもわからなかったのは、和田、太田といった戦争末期の上海支局に関係した肝心の人物が善隣大楼と大同大楼が同一のビルと間違えて記憶していたためであると思われる。その謎を解くのは、以下に引用する東洋大学千葉文庫が所蔵する1943年11月19日の編集部門の朝日重役会の「編集会議録」である。出席者は「村山社長、上野会長、緒方主席、石井・原田両専務、美土路・鈴木両常務、北野編集総務、香月（東京）・東口（大阪）・白川（西部）三編集局長、千葉南方局長、大西中央調査会副会長、佐々・嘉治両副主筆、服部考査室主査、（木村常務病欠）、杉江業務総務、木村企画局長」であった。

（千葉文庫は千葉雄次郎元東洋大学理事長所蔵の和洋書、公私文書から成り立っている。千葉は昭和戦前期に朝日記者として活躍し、終戦直前の1945年に編集総長、取締役。戦後まもなく退社し、中京新聞社長を経て、東京大学新聞研究所教授、東洋大学社会学部教授になる）

千葉雄次郎

上海総局移転問題

原田　上海総局は今夏移転をすました許りで、その家屋（所在地上海黄浦灘善隣大楼）は敵産であるが、現地当局はこれを大使館としたい意向である旨総局に申入れてきた。よつて大東亜省の意向をたしかめたところ、矢張り本社上海総局を移転して貰ひたい旨を更めて本社に申出てきた。

緒方　当局としては、現地で噂などの立つ前に、筋道を立てて本社へ申入れあるべきものである。総局移転先としては、大陸新報社社屋の一部を当てることにし、同盟に斡旋の労をとつて貰ふこととした。

当時の朝日の二人の最高幹部が重役会で大陸新報社の移転問題で発言していることに注目したい。原田譲治代表取締役専務によれば、連合国側のある国（その国名は不明）が所有し、日本軍に押収されていたビル善隣大楼の4階に朝日総局が1943年夏に引っ越して使っていた。ところが敵の財産（敵産）を管理する大東亜省が11月になってビル全体をどこかの大使館に使わせるために朝日に引っ越しを求めてきた。そこでやむなく「大陸新報社社屋の一部」つまり大同大楼を朝日総局に使わせるというのが、緒方竹虎主筆の発言である。緒方は大陸新報社と朝日総局つまり朝日グループが大同大楼という象徴的な大ビルを占拠することへの新聞業界のやっかみを気にして、大同大楼に同居する同盟通信を介在させることによって批判を和らげたいとの意向であったと思われる。1944年9月の朝日社員名簿では、依然総局の住所は善隣大楼と記載されている。朝日総局の引っ越しは大分遅れ、1944年末になされたと思われる。1945年1月19日の「太田日記」に「移転した朝日支局を大陸新報館三階に訪ひ、大陸の森山君、尾坂君にも会ひ」とあることから、同一ビル、つまり大同大楼のうち朝日支局が3階、大陸新報社編集部が1、2階、同紙印刷部が地階をそれぞれ占拠し、老人でも簡単に相互の階を行き来できていたことを示している。当事者の和田でさえ二つのビルを混同し、引っ越しの時期を間違えている。ともかくこの移転の動きを見ても、大陸新報社は権力べったりの朝日の都合に従う子会社であることがわかる。

朝日重役会が『大陸新報』の値上げを承認

朝日による大陸新報社の子会社化の進捗は1944年1月18日の朝日営業部門の朝日重役会で『大陸新報』値上げが議題となったことを示す「業務会議記録」からも確認できる（千葉文庫所蔵資料）。出席者　村山社長、上野会長、緒方副社長、石井専務、原田編集総長、木村・鈴木両常務、福田常任監査役、杉江業務総務、北野編集副総長、小西・上野・福井各印刷局長、天野内務・塩貝業務・千葉整理・木村企画各局長。

大陸新報値上ゲ並ビニ中報取扱ヒノ件

大陸新報購読料ハ従来二十五弗デアツタガ二月一日カラ四十弗ニ値上ノ申請ヲシタ報告アリ。朝日モ十五弗ヲ三十弗ニ値上シ、将来起ルコトアルベキ価格停止令ニ備ヘタイ。尚中報ハ販売網ヲ少シモ持タナイノデ総テ朝日ニ依存シタイトノ申出ガアリ。幾ラカコミツシヨンヲ取ツテ扱ツテハ如何

（取扱フコトニ決定）

杉江潤治業務総務から出された『大陸新報』の購読料値上げ案が報告され、承認された。実際に1944年2月1日の『大陸新報』に40元への値上げが社告されている。ここに出てくる

『申報』は日本側に転向したかつての抗日有力紙である。同紙を朝日が上海に持っている販売店で扱わせることが承認されたわけである。これらのことは、大陸新報社の経営方針が朝日本社で決定されていたこと、そして中国人を宣撫する華字紙の経営に朝日本体が関与したことを如実に示している。

中国新聞協会設立と朝日

戦局が悪化し、南方支局への派遣や戦死者の増加で記者の人員不足に悲鳴を上げていたときに、朝日は上海と北京の陸軍機関の要請に従い、以下のような中堅幹部を「供出」することも行った（「編輯総局報告事項」１９４４年2月、東洋大学図書館千葉文庫所蔵）。

四、上海及北京軍機関への社員供出
　上海陸軍部の新機関「企画審議室」に本社より臨時嘱託として参加する考査室員伊東盛一、上海総局員甲斐静馬、東亜部員蔵居良造、並に北京の特別警備隊機関同様の資格にて参加する平松億之助（大阪）石川治良（出版局図書出版部）の五君はそれぞれ既に現地に赴任、伊東君は二月八日上海に到着した
五、森論説委員を上海に特派
　上海総局員甲斐静馬君二月中旬より軍機関に転出後同総局の外電情報取扱事務に支障を来たすため、論説委員森恭三君を同総局応援として短期間特派することとなった、今月末出発の予定

それら「供出」「特派」とはちがい、退社した尾坂の行動は朝日の中国での秘かな野望を担っていたのだろう。尾坂は朝日の幹部候補として、大陸新報社へは秘密の出向となっていた。おそらく成功すれば、本社への凱旋的な復帰の密約が美土路など最高幹部となされていたのではないか。なるほど出向時点の『新聞総覧』、『日本新聞年鑑』、『広告年鑑』や業界紙を丹念に見れば、内外紙紹介欄中の『大陸新報』の箇所で朝日関係の事項が数行記載されているので、完全な秘密ではなかった。だがこうした年鑑類も戦争末期には刊行されなくなった。一方、『大陸新報』紙上では創刊時に見られた朝日の幹部の挨拶や特約記事、あるいは出版広告などのような朝日色は消されていた。尾坂はじめ朝日関係者は紙上でも上海新聞界でも表面に出なかった。『大陸新報』は日本語の商業新聞としての装いを凝らしていた。

しかし尾坂は『大陸新報』を強く掌握するとともに、上海だけでなく中国新聞界に深く浸透していく。筆者が発見したアメリカ国立公文書館の所蔵資料（『Intelligence』5号に掲載）が尾坂の足跡を示す動かぬ証拠を示してくれる。その華文資料によると、尾坂は１９４４年9月に結成された華中、華南の邦字、華字紙の連合体である中国新聞協会の組織化の先頭に立ち、その筆頭理事として活躍していた。その準備委員会で尾坂は日本人の新聞業界人としては唯一の委員であった。残りの委員はみな中国の新聞業界人であった。そして協会結成後は尾坂が筆頭の常任理事になっている。

この中国新聞協会結成は本土や満州、華北に見られた新聞の統廃合と政府、軍の情報統制の動きと連動していた。たとえば１９４２年3月に成立した華北新聞協会（理事長　実報社長管翼賢）では、東亜新秩序建設のために新聞社相互の有機的連携をうたっているが、最大の眼目は不足する用紙など資材の確保であった（「華北新聞協会」『新聞総覧』１９４３年版）。華中での新聞協会の結成は華北に二年半遅れたが、華北、華南をも組織統合することを念頭におき「中国」を名乗る新聞協会であった。それは南京国民政府のおひざ元であり、また新聞が比較的発展しているとの自負があったためであろう。

第一回理事・監事人選新聞社表

甲　理事（15～20人）

▲総支部・支部代表８人

華北総支部１人（華北地区が推薦する）

各地支部７人：

上海支部――中華日報・許力求

南京支部――民国日報・秦墨哂

広州支部――中山日報・張伯陰

漢口支部――大楚報・荘泗川

蘇州支部――江蘇日報・馮子光

杭州支部――浙江日報・章建之

揚州支部――揚州日報・鐘萍厳

▲新聞社代表10人

本国籍新聞社6人：
上海2人――申報・謝宏
南京2人――中報・張慎之、安徽日報・劉徳煊
華北2人――華北地区により決定する
日本籍新聞社3～4人：
上海1人――**大陸新報・尾坂与市**
漢口1人――**武漢報・猿山儀三郎**
広州1人――南支日報
▲国家通信機関1人――中央電訊社・胡瀛洲
▲宣伝部推薦2人――龔持平、伍麟趾
乙　監事（2～4人）
本国籍新聞社3人：
新聞報――程仲権
新中国報――魯風
国民新聞――黄敬斎
日本籍新聞社1人：
新申報――森山喬

中国新聞協会は汪政権宣伝部長林柏生が「指導長官」となり、日本大使館情報部長、中国方

面艦隊報道部長、南京陸軍報道部長が結成集会で挨拶をしている。しかし実際の運営は理事会が行い、その実権は尾坂が握っていた。尾坂は上海の『大陸新報』の代表の理事である。その資料には尾坂の名が７回も出てくる。監事候補者の一覧表の最後になんと森山喬の名が現れる。彼は尾坂の下で『新申報』代表の肩書きで協会結成に動いていたわけである。また同じく猿山儀三郎は南京の中国新聞協会に出向したとき、『武漢報』という華字紙の代表の理事となっている（猿山儀三郎「病む日」『新聞人北野吉内』２１３頁）。彼ら三人以外には日本の新聞人はいない。

尾坂主導で中国新聞協会が結成されたことは「太田宇之助日記」（昭和一九年）の記載からもわかる。

八月二七日

（略）朝日尾坂。

（略）夜、尾坂君を訪ふて遅くまで雑談したが、新聞協会に予を最高顧問に迎ふる意ある旨を聞かされて、急に心の動揺を感じた。

八月二八日

尾坂君から聞かされた話に就て種々と考へたためか、又眠られぬので種々とこの事を考へたのか、何れにしても充分に眠られなかったのは珍らしい。恐らくこの為めに種々と考へたからであらう。話を聞いた際は今の地位を捨て去ることに未練があって俄かに気が乗らぬのであったが、夜中考へて居る内には機会さへあらば努めて之を捕へること、収入や待遇の点で今の方がよいにしても之に執着してはならぬこと、本来の職業に近く、且つ時局問題に再び近づく機を得たので、本当の目的に副ふものなることを考へさせられて、漸く若し交渉を受くれば受け入るゝ体勢を執ることを考ふるやうになった。（略）
この日、上海行の急行事故の為めに、林広吉、武内文彬君等南京よりの途中下車して江蘇日報の招宴あり、招かれて鶴園に至り、宴後、林、草野心平君等三名を伴ひ帰って宿を提供す。三人の客は初めてにて夜具に多少困じたが、夏のこととて間に合った。

九月一二日

（略）この日同車せる松崎君より新聞協会顧問に赤星君に決定せる旨を聞き、予も擬せられたる軍方面の支持にて同君に決したるらしく、されば大した地位にてなかりしものと考へらる。

この協会の設立こそ日本軍の意向と威光を受けた朝日の中国侵略の意図を示すものに他ならない。協会は華字紙を含む日本占領地、さらには全中国の新聞の一元的支配をねらうファッショ的統制機関であった。尾坂、森山喬、猿山儀三郎の三人の朝日関係者は協会を牛耳り、それを橋頭堡にして中国市場を独占的に支配する夢を抱いていた。もちろん彼らの背後には本社幹部がいた。協会は朝日が陰で操作、支配するブラック組織といって過言でない。
協会は上海、南京、漢口といった『大陸新報』発行地域はむろんのこと、杭州、蘇州など華中をさらに深く組織化しようとしている。広州など華南にも広がっているが、北京など華北では影響力は弱い。これは南京政府の華北支配が事実上実現していないことの反映であった。それでも華北総支部を設け、そこに理事1名を配置しているが、その名前は出ていない。しかし華字紙と日本語新聞、通信社を合わせた大陸全土への進出計画であったことがわかる。
『大陸新報』は1944年9月20日付けの東京電話として、「国民政府は昨年6月に中国戦時文化宣伝政策基本要項を制定すると共にこれに基づき北中南支の新聞業の一元化に着手し、19日行政院の正式許可を得たので、「中国報業協会」（中国新聞協会）を25日に上海で開く」と伝えている。また1944年12月12日付けの同紙は上海の日本各紙、同盟支局、中国放送協会、大陸新報に合わせて中国新聞協会が大陸新報本社で軍代表者とともに上海での決戦に備えた郷軍報道班を結成したことを報じている。

『東亜新報』との提携

中国新聞協会の規約では、華北総支部を設け、その華字紙から2人の理事を選ぶことになっているが、その新聞社名は出ていない。さらに華北の邦字新聞社は名も出ず、理事選出の文言もない。南京国民政府と華北政務委員会とのマクロの統治の方針が決定していないこともあるが、双方の新聞政策の統一化の場がまだ協議の話し合いの段階にも入っていないことを示唆している。北京でも華北新聞協会が1941年2月に結成された（東亜会編刊『東亜新報おぼえがき—戦中・華北の新聞記者の記録』1984、141頁）。新聞用紙の逼迫がこの協会結成の背景にあった。しかし華中とか華南の新聞を組織に入れるといった論議はなされなかったようである。それでも華中の中国新聞協会は全中国の華字、邦字の新聞を傘下に入れる構想のあったことは先述したが、それは構想でしかなかった。

ところが1944年1月1日の『大陸新報』と『東亜新報』の紙面に両紙の提携の社告が

掲載された。ここでは『東亜新報』の紙面を載せる。

華北、華中の報道網一貫
本紙、大陸新報と通信提携

大東亜戦争完遂途上における大陸現地の戦力的責任愈々加重し来れる折柄、現地報道陣営の決戦的任務は益々厳重なるものあることを感ぜざるを得ません。この任務に鑑みる処あり、茲に華北・華中を代表する両国策邦字紙、東亜新報および大陸新報は相結び、相互に特置員を交換して、北京、天津ならびに南京、上海の各所属編輯局を開放し合ひ、華北、華中一貫の通信提携を実施致すことになりました。

両紙は両社の有する通信網によって、北京、天津、済南、石門、太原、開封を基地とする華北的情勢の報道および南京、上海、漢口を基地とする華中の報道を供給し合ひ、相互に決戦中国の逞しき姿相を、大陸居留民各位に余す所なくお伝へせんとするものであります。この度の通信提携は中国大陸に於ける邦字紙通信史上画期的なものであり、華北、華中を一貫する報道網の合作機構によって躍進国府の決戦的動向を脈々と報道し得ることの欣快を読者各位と倶に頒ち、さらに興亜翼賛の決意を新に致し度いと存ずる次第であります。

昭和十九年一月一日

大陸新報社、東亜新報社

『大陸新報』の紙面も内容は当然のことながら同一である。たしかにこれは「中国大陸に於ける邦字紙通信史上画期的」であった。東亜新報社は同盟通信社が作った株式会社であり、社長

東亜新報

創刊の辭

反英運動愈よ熾烈

天津に最高委員會を設け

『東亜新報』創刊号

の徳光衣城は元毎日新聞社から出ていたが、主要ポストは同盟記者が横滑りする同盟の系列紙であった。これに対し大陸新報社は朝日出身者が幹部となっていた財団法人であった。しかし軍部が背後で支配する点では、まったく共通していたし、用紙、印刷資材の相互調達が提携の当面の目的であった。さらにゆくゆくは中国全土の統一組織の結成の過程で、両紙の統合をねらっていた。ただ華中に比べ華北の方が戦況は厳しく、華北側が統一のイニシアティブをとりにくかったし、華中側もそれを推進する主力となるパワーもなかった状況下では、この提携発表はむしろ戦況が行き詰まった段階での対敵プロパガンダと見た方がよいと思われる。

『大陸新報』と『東亜新報』の比較

『東亜新報』は1939年7月2日に北京で創刊された（写真）。『大陸新報』と同様に陸軍肝いりの国策新聞で、地元の邦字紙を基盤に生れた。同盟を実質的に握る古野伊之助が『東亜新報』の創刊、運営を指揮していた。軍に強い古野は北支軍報道部の意向をくんで同紙を陣中新聞として出発させたが、増加する居留民のための情報紙としての色合いを強めた。戦域の拡大につれ、天津の他、山東、山西（太原）、石門、隴海（徐州）にも新聞を創刊したため、北京版は7、8万部、天津版は3、4万出たという（『東亜新報おぼえがき』）。ただ『大陸新報』が朝日色を次第に隠して行ったのに対し、『東亜新報』は同盟配信の記事を売り物としていた。

なお徐州は北支軍の管轄下にあったが、1942年9月ごろから中支軍の管轄下に移った。大陸新報社はその軍編成の変更とともに徐州に支局を設けた。1939年12月1日に創刊された『徐州東亜新報』は途中に『隴海東亜新報』と改題されたが、さらに1944年1月25日から『徐州大陸新報』となったのは、両紙が支那派遣軍の管轄下にあったためである（光宗一夫「徐州支社開設から閉鎖まで」『東亜新報おぼえがき』54―69頁）。

『満州朝日新聞』の布石か？

第八章で触れた朝日の満州進出計画は、原田譲二専務の関東軍参謀本部や満州国弘報処への訪問でついえた幻の計画と思われるかもしれない。しかしその計画が荒唐無稽でなかったことは、1943年10月1日に首都新京で挙行された朝日満州総局の上棟式、とくにその敷地が異様な広さであった事実から確かめられる（九州の印刷・編集拠点として1937年に建設された朝日九州支社の小倉新社屋は5290平方米）。当時の「朝日社報」が、「満州総局の上棟式」として伝えている。

久住満州総局長以下全局員、満州竹中工務店守随、田中両氏はじめ工事関係者参列のもとに厳かに執行された。新築満州総局は工費三十万円を投じて本年五月着工したもので本館、社宅、自動車庫の三棟から成り、何れも煉瓦建で、総延面積九二九・六三平方米（本館四二一・七三、社宅二八六・〇八、車庫一一一・九二、地階外一〇九・九〇各平方米）である。本館、社宅はともに二階家で車庫は平家である。竣工は十二月上旬の予定であるが敷地（四〇六三・五〇平方米）が相当広いので、竣工の暁には局員全家族揃つて畑作りや一、二の掛声も勇しくラジオ体操やらに睦じい生活を楽しまうとその日を待つてゐる。（1943年10月10日号）

1944年9月の上海総局の人数は16名で、かれらはNorth China Daily News紙の旧社屋に入っていた。ところが満州総局は半分の8人にすぎない。これだけの局員が占拠する建物・社宅としては不相応に大きい。工事も内地の朝日の建物を一手に請け負っている竹中工務店が担っている。残りの広い敷地は印刷工場として予定していたのではあるまいか。当時、太平洋の戦場では日本軍は連合軍の反攻にタジ〳〵となっていたが、満州ではソ連を警戒する必要のないほど太平の夢をむさぼっていた。将来の満州の市場の発展を予想して、朝日はひとつの海外総局としてではなく、『満州朝日新聞』の本社・工場として先行的な投資を行ったのであろう。なおこの建物は予定通り竣工し、『朝日社報』1944年4月10日号は、満州総局が新京特別市大同街一二〇六に移転したと記している。

悲しき国策新聞

新潮45＋編集部編の『子供たちに残す戦争体験』という読者投稿を集めた本が1984年に出ている。その中に「辻参謀と尾坂与市社長」という文章が収録されている。筆者の浅野千代彦は『大陸新報』の若い記者であった。彼の名は巻末に掲げた社員名簿に出ている。30歳という年齢からみて、おそらく日本での記者経験がなく、現地採用された人物であろう。

昭和十八年、太平洋戦争の戦局は、日に日に形勢が悪くなっていった。連合艦隊司令長官、山本五十六大将の戦死、ガダルカナル島からの転進と称する退却、アッツ島の山崎部隊長以下全将兵二千六百名の玉砕など、悲報相次ぎ、日本人の心を暗くしていった。にもかかわらず、中国・上海の日本人の生活は、平時とそれほど変わらない状態で、内地では想像もつかないほど恵まれたものであった。（中略）

そこに、ガダルカナル島で惨憺たる敗北を喫し、九死に一生を得て逃れてきた大本営参謀、辻政信中佐が、戦線視察と称して上海に飛来、こうした現状を見て激怒した。

辻中佐の雷名は、すでに支那派遣軍参謀時代から聞こえており、またシンガポール攻略では作戦参謀として華々しい活躍をしたことは中国人にも知られていた。日本人の間では当然英雄視され、その身辺の清潔さと併せて猛烈な辻信者を増やし人望があった。

「ガ島より帰り、非常時局に訴える」と虹口（日本人租界）の映画館で、満員の聴衆を集め、大講演会が行なわれた。（中略）ガ島の惨状を涙をふいて語った中佐は、更に語調を強めて、「前線にひきくらべ虹口の街にはいまだ紅燈の料亭が繁昌しており、芸者の嬌声がきこえてくる。一体、これは何事であるか！」と、痛烈な叱声を放った。

その論調は強烈であり、聴衆は感動した。なかでも、元映画俳優で杭州において製紙工場を経営していた浅岡信夫（戦後、参院議員）は、最前列に着席し、感激の涙にくれているのが、人目をひいた。氏は、学生相撲のチャンピオンであり、大きな体軀に、俳優らしい身振りで感動を全身で表現していた。

その夜、この講演に刺激された四十過ぎの鉄工場経営者が、一流料亭にガソリンを撒き放火する事件が起った。幸いにして、死傷者は出なかったものの、かなりショッキングな出来事であった。

当時、上海にある「大陸新報」という新聞社に勤務していた私は、この放火事件を取材した記者の原稿を読んだ。原稿は、放火の罪は憎んでも、辻中佐の主張に感動してやった動機は、私利私欲のない愛国心の発露であるという、犯人に好意的な内容であった。

ところが、この記事について、尾坂与市社長（元朝日新聞社会部長）は書き直しを命じた。社長の意見は「戦時中といえども、動機が良ければ何をしてもいいということでは、社会の秩序は保てない。辻さんの講演内容にいささかでも、思慮の足りない者を過激な行動に走らせるところがあったとしたら、指導的立場にある辻中佐の責任は大きい」というもので、強大な軍を背景に、泣く子も黙るといわれた辻中佐の講演を批判した。

この尾坂意見に対して、記者の一人が、「ひょっとしたら日本は負けるかも知れないという重大な危機である。最前線では死に直面している者がいるというのに、一方で酒池肉林に酔い痴れて、火事場泥棒のように金儲けに抜目のない輩がいるなんて、絶対に黙視できない。生やさしい手段ではゆるふんの日本人に活を入れることは出来ないではないか。この放火こそ、非常時に警鐘を鳴らす役割を果したのではなかろうか」と反論した。

「とんでもないことを言うな。放火の罪は、刑法に死刑又ハ無期、モシクハ五年以上ノ懲役ニ処スとある。この度は延焼がなくて済んだが、仮に大火になり、焼死者を出した場合を考えてみろ」尾坂社長は語気を荒げた。

料亭の存在が、戦争遂行にそんなに支障があるというなら、軍の力をもってすれば、料亭の一つや二つ潰すことは容易な筈である。辻中佐が、この放火犯に火をつけろと命じたわけでもないので、当然、言い分はあるだろうが、「あの講演をきいて、怒りが体内をかけめぐり、そのやり場がなくて、正義の刃をふるった」と犯人がいったのもまた事実である。

尾坂社長はいった。「この戦争を始めたのは、軍人パワーに押しきられた弱腰の政府だが、終りを決める鍵を握っているのは軍人である。辻参謀にはこの戦争の終末は予測がついている筈である。ガ島を見て来た辻さんの講演を聞けば、勝利のメドはどこにもない。こんな上海の居留民を集めて、非常時を訴えるより、この戦争を、いまだ傷が深くならないうちに終止するため、命がけの彼の蛮勇を期待したいところだ。幸いに中国戦線では負けていないのだから、いまこの有利な点を活用してやれば出来ないことはないだろう……」

記者は尾坂社長の意を体して、忠実に書いた。ただし、新聞が配達されて開いてみると、尾坂イズムは全くなく、形骸化された内容で、わずか記事の底流に鉄工場主の浅薄なヒロイズムを否定する文意が貫かれていただけであった。

私は新聞の無力をしみじみと感じた。そして、辻参謀のこれまでの自信に満ちた言動に、ある種のオールマイティの期待感を抱いていたのが、あわれにも幻想にすぎなかったことを知った。

後日、この放火犯は、長崎の地方裁判所で裁きをうけることになり、浅岡信夫氏らが特別

弁護人として証言台に立つことが報じられた。（219―222頁）

四十三年前にこの経験をした浅野記者は当時掲載された紙面を見て、怒りに手を震わせたのであろう。それほど怒りが強かったからこそ、子供たちに残そうとこの原稿を投稿したのであろう。ただし記事の掲載月日は記載されていないし、『大陸新報』のマイクロフィルムでも発見できていない（市販のマイクロフィルムは欠号が多い）。

陸軍報道部や軍部筋から創刊時以外には発行資金を得る必要がないほどに経営的には自立化していたとはいえ、大陸新報社が上海の陸軍報道部の指揮下にある国策新聞であり、軍の方針からの逸脱が許されなかったことは想像に難くない。尾坂社長（実際は理事長）が社会部長として活動していた1930年代の朝日では、軍の行き過ぎに対する批判の自由は残されていたが、彼が朝日を退社して、上海へ赴任した1940年代になると、軍への批判は許されないどころか、軍の行動に便乗し、迎合した姿勢が朝日の紙面の隅々に浸透していた。尾坂は毎日送られてくるその紙面から本国の新聞が検閲の刃で切り刻まれる時代となっていたことを痛感させられていたはずである。またその時代の推移を軍の意向に沿って紙面に反映させることが、理事長としての彼の任務であった。そしてそれを忠実に実行したからこそ、終戦までその地位に留まれたわけである。

しかし放火を許す、それどころか称賛する記事の掲載は許されないと、尾坂は部下の記者の記事に一瞬怒りをぶちまけた職務命令を出した。美土路は『社史』で「尾坂君は立派な男だった。上海でも大分軍にたてついたそうだ」と言っている。しかしこの際は軍にたてつけなかった。おそらく検閲担当のデスクの目にとまって、相談を受けた段階で、かつて朝日社会面に注いだ正義感、それは美土路局長など先輩から教え込まれた朝日デモクラシーの伝統であったが、それが通じない前線での新聞であることを冷静に感じ、記事書き換え、記事縮小に同意せざるをえなくなったと想像される。

実際、『大陸新報』記者だった小林春男は自分のコラムで、実名は挙げないが児玉誉士夫を念頭に置いて、金目当てで利権漁りをする右翼を批判したところ、福家社長の命令で発表禁止になったという（『妖怪の系譜』２０３頁）。これは社内のチェック体制が働いた例である。浅野記者と同じであろうが、国策新聞であるからこそ軍の報道部や憲兵隊など社外の検閲機関からの介入を回避するための自己検閲を厳重に行っていたことがわかる。支那派遣軍報道部が１９３９年10月20日に作成した日本語新聞に対する内務省の方針の解説は各紙の自己検閲に任せると述べている。しかし「作戦上企図秘匿ノ必要ヲ考慮」するときは、将校の検閲官を配置するとある（前掲「中支ニ於ケル報道宣伝業務ノ概況」『日中戦争　対中国情報戦資料』第３巻、２７１頁）。編集顧問の高橋正雄は自分で書いた経済記事で憲兵隊に呼び出されて、利敵行為だと叱責を受けたと本書93頁に引用した回想で述べている。戦況が厳しさを増すと、軍の直接的な介入が目立ってきたようだ。内山完造は『大陸新報』に絶えず「漫語」というコラムを寄稿していたが、「傾向がよくない」と大使館事務所（旧興亜院）から新聞社が注意されることがあったらしい（内山完造『花甲録』２９２頁）。１９４５年3月に上海に来て国際文化振興会上海資料室に勤めた堀田善衛は現地の新聞が日本内地と同様に、日本軍当局の監視監督の網の目の下にあって、通信社記事を無批判に掲載していることを悲しんでいる（「反省と希望」『堀田善衛上海日記』３５２―３５３頁）。しかし内地に比べると、上海の言論統制はまだ緩かったようである。

チミモウリョウの記者を束ねる朝日出身記者

上海は国際的な都市である。魔都とも言われる。日本人の中でも左右の経歴、職種の人間が上海に職場や居住空間を見出した。創業者の福家俊一からして大陸浪人、無学歴の男で、しかも国策新聞としては若輩の社長であった。福家のような者が上海という枢要の地のメディア界を代表する名士であったこと自体奇観である。そして福家の配下には、内地で左右の社会運動に関与して逮捕され、上海に来て官憲の監視下で働くことを許された「転向者」がいた。新聞はイデオロギーの商品であるから、かなり高度の知識と情報操作能力のある人物を要求する。「国策新聞」の幹部は流れ来た多様な人材を管理、統率する能力が要求された。時流と権力に乗りながらも、福家自身は大衆のニーズ把握に先天的な嗅覚を持ち、やくざ流儀のアンチャン・カリスマ性といったもので、経営者としてある程度の評価と人望を獲得したことは否めない。

1944年6月30日現在の「在華中左翼転向者略名簿」（アジア歴史資料センター A06030040200）には、上海、南京、漢口など華中地域に勤める124名の元左翼で、官憲に監視されている人物の名前、職場、出身地などが記載されている。陸軍、商工会議所に次いで7名がいる大陸新報社が3番目に多い職場である。高橋正雄、古賀二男、広瀬庫太郎、竹本節、山本健（この5名は巻末の社員名簿にある）、小森武、脇水照二の名が出ている。アナーキストの大陸浪人の広瀬以外は社会主義者であろう。小森武はなぜ豊島師範出身にもかかわらず上海に来たのか、社会主義運動に関係していたのではないかと小林春男に疑われていたが、小林の観察は当たっていた。右翼よりも左翼出身の記者が圧倒的に多かったのは、かれらが朝日系列の同紙に惹かれたということではなくて、安心して転向者の受け入れ先とする国策新聞としての『大陸新報』への評価が権力側に高かったからであった。

その小林自身が三菱銀行員兼日大講師を辞めて入社したのも上海の魔力に引かれたからである。三菱系といえば、福家に資金を提供して『大陸新報』の経営に携わった東大経済学部出の桐島龍太郎は東京海上の職を辞していた。また編集局の幹部には広瀬と同じ編集嘱託の増田米治がいる。その著書『支那戦争経済の研究』（ダイヤモンド社、１９４４）の奥付によれば、東京商大を中退後、上海にある中国通信社の編集をしながら、中国経済分析を行ったジャーナリストで、中国総力戦研究所所員や東亜同文書院講師をしていたとある。増田の経歴はなかではまともな方である。

こうした明治期の新聞を思い出させる多様な出自の記者が徘徊する中で、朝日から来た者は比較的高い正規の学歴と記者としての組織的な職業訓練を受けていた。彼らは朝日の不満分子で集団退社したとの噂が上海では流れていたようで、「不遇をかこち、経営首脳部に対して不平を抱いた彼らが〃いっせい退社〃をしたことは事実であろうが、じっさいには朝日新聞の首脳部たちにとって〃もっけのさいわい〃というものだったらしい。なかには〃半年以上一枚の原稿も書かなかった〃などと豪語する者もいたが、書かないのではなく書かされなかったというのが現実であろう」（『妖怪の系譜』１８１―１８２頁）。戸叶武はじめ帷子《かたびら》勝雄、猿山儀三郎らも不遇を感じて朝日を去ったことはたしかであるが、それだからといって朝日系列の国策新聞への

森山喬

転社にとりたてて不満を抱くほどの朝日のエリートではなかった。彼らは尾坂の下で朝日型の組織的編集と人事管理を彼らなりに持ち込み、福家時代に蝟集したチミモウリョウとも言われた記者を統括していった。

『大陸新報』出身の出世頭、森山喬電通常務

それでも朝日出身の中に異色と思える者がいたことはたしかである。森山喬に注目したい。森山は朝日の南京支局にいて『大陸新報』の創立期からかかわった人物であり、敗戦まで同紙の要職に就いていた。

あるアメリカ陸軍諜報機関の資料は、森山が日本陸軍、領事館、警察の上海での情報部門を束ねるスパイ情報センター次長であると記している（RG165E79 "p" File Box606）。センター長はヨシオカ・モリタケなる人物である。このセンターには中国人（もちろん汪精衛側であろう）がかかわっていたらしいが、仕事の内容は判明していない。

森山は1944年には理事長尾坂、専務理事赤松直昌についで常務理事として三番目の地位にあり、尾坂、赤松、森山の3人のみが高級なブロードウェイ・マンションを社宅として提供されていた（巻末住所録参照）。ブロードウェイ・マンションに部屋を持つことは上海においてステータスだった。桐島龍太郎がスイートルームに住んだことは前述したが、日本政府高官では駐中華民国大使の重光葵、中華民国政府特別経済顧問の福田赳夫、ほかには大手商社の支店長などがいた。変わったところでは児玉誉士夫が「五つくらいの部屋を占領していた」（『日

本の地下人脈』160頁）という。森山は当初は福家の側近であったが、福家退社で行をともにしなかった。中国新聞協会でも重要なポストにあった。偶然かどうか、次に引用する1945年1月19日の『太田宇之助日記』には「森山君、尾坂君」の順に記載されている。太田の昭和初期の上海支局長時代に森山はその部下であったため親しかったのであろう。

ちなみに同じ頃尾崎秀実も支局員で、森山には当時の尾崎を偲ぶ文章がある（「洒落男尾崎秀実」尾崎秀樹編『回想の尾崎秀実』）。森山は他社の記者と中国全土をカバーする報道活動で目立つ存在であった（塚本誠『或る情報将校の記録』288頁）。森山の足跡が解明できれば、『大陸新報』の性格もよりクリアとなろう。なお森山は戦後、電通に入り、常務まで務めた。『大陸新報』出身者としては戦後の出世頭である。この事実は『大陸新報』の幹部時代に吉田秀雄（電通の戦後社長）に仕事上で便宜を図っていたことを示唆するであろう。

ブロードウェイ・マンションとガーデンブリッジ

このように朝日でも他紙でも、また権力の中でも主流派を歩めない記者ではあるが、それぞれが戦時の国際租界の中で内地にはない独特な環境で個性を発揮していた。彼らの職場が『大陸新報』であった。

十三　敗戦前の『大陸新報』

厳しい戦局での動き

太田宇之助は１９４５年３月21日に仕事のために帰国した。日本での用件を終えたころには、制海圏、制空圏の全てが米軍支配下となり、上海に戻れなくなった。以下は彼の上海滞在の最後の箇所であるが、朝日支局や大陸新報社の厳しい状況が垣間見える。

一月一九日（金）

（略）移転した朝日支局を大陸新報館三階に訪ひ、大陸の森山君、尾坂君にも会ひ、尾崎君（引用者注、尾崎秀実、元朝日上海支局員、ゾルゲ事件で44年11月７日に刑死）の最後につき知らせてやる。同夕、朝日支局の社員歓迎送会のスキヤキ会に陪席、スキヤキとは云へ、近頃は豪遊に属するもの、鱈腹食ふ。席上植村理事が久々にて月給二十円昇給して嬉しいこと、首になることに対し恐れてゐる事を側聞して、妙な気がする。現在の予の境遇との隔たりの大なること、曾て同僚であったことを回想して感慨無量であった。内山夫人の追悼会が同邸に開かれてゐるのに会して淋しくなった。同君を慰めて帰る。愛する妻を失へる人の心は想ふだにつらいものである。

一月二一日（日）

（略）上海タイムス記者白井君、過日蘇州で世話になった礼とて、万歳附近の北京料理店に自分を招待した。（略）上海地方の邦人の大多数は不安を感じ落付かない。多くは戦局に対し悲観であり、物価高と不安とて近頃益々内地引揚げが多くなってゐるやうである。現に宮崎君夫人も近日出発するし、菊地夫人も亦近く一家をたゝんで主人を残し引揚げるといふ。しかし、新木顧問は帰国中のつらさに、いそ〳〵と帰任して来たといふ。

二月二日（金）

（略）朝日支局に寄ると、支局が近く縮少されて半減され帰国する者が多い話から、最近南京でも時局不安から続々帰国者があるとの話が出た。そして帰国するものが百万元までの貯金が出来て、毎月三百円に限り送金が続けられる話もあった。多くの在留民には帰国と為替送金の問題が大きな問題であるらしい。夜内山放送協会常務理事を伴って、閩菜館で食事をしたが、同氏も帰国問題で頭を悩ましてゐるらしい。

二月一五日（木）

（略）大陸の尾坂理事長の話にも、上海の最近の情勢が知られる。軍官当局が時局の対策を講ずることが徒らに居留民を刺激して動揺させ、帰国志願者が多数に上りつゝあるらしい。

（略）

二月一六日（金）

朝日支局に行くと、本日千二百機の艦載機を以て敵が日本近海より本土を東京中心に大空襲を決行したとのニュースと共に、桑港辺からの日本語での之に関するラヂオ放送をも聞いた。

愕然とした。（略）

二月二七日（火）

（略）辻大佐がビルマ作戦中に戦死し、殊勲天聞に達したる旨の新聞を本日見て初めて戦死を知り、痛恨に堪えず。大胆なる行動は名参謀をして遂に戦死せしむ。予を大陸に引き出し、予の最も好意ある後援者であって、仕事の上にも最もよく協力して呉れた同氏を失ふ。先に汪主席を、今辻大佐を失ひ、大陸に於ける現在の仕事に益々希望を失ふに至る。（引用者注、辻政信の戦死は誤報である）

三月五日（月）

南京に着くと、折よく内地に引揚げる上海の日比野顧問の家族と一緒に自動車に乗ることが出来て助かった。日比野氏は五人家族で、北支廻りで大変な旅である。（略）

短波ラジオ情報の入手

新聞社などメディアの集中する旧租界への連合軍の空爆、インフレの急激な進行など生活環境の悪化で、上海に住む日本人は戦況の実態を肌で感じるばかりでなく、海外とくに英米の短波ラジオの秘密受信によって、日本の敗戦を冷静に判断していた。『大陸新報』には、短波受信機の所有禁止と届け出の義務がしばしば掲載されていた。そのような警告が掲載されること自体が、その禁令を守る人が日本人でも少なかったことを裏書きしている。日本人エリートの住むブロードウェイ・マンションには短波受信機があり、だれでも外国放送が聞けた（日銀上海会『遥かなる上海』50、410頁）。もちろん中国人はほぼ大っぴらに短波受信を行っていた。したがって終戦直後の古道具屋に多数の受信機が並んでいることに驚いた日本人の記録もある。
朝日上海支局では太平洋戦争開戦直後フランス租界で精巧なフィリップの短波受信機を買い、「外国のラジオ放送をキャッチして戦局を速報」（和田斉『この途をゆく』302頁）しており、それを担当した甲斐静馬記者は戦局の悪化をできるだけ客観的に「上海特電」として報道したため「右翼の一部はこれを問題視した」らしい（甲斐静馬『わが道を行く』89頁）。1944年9月から1ヵ月ほど美土路昌一は和平工作のため上海、北京に滞在した際、「上海特電」の現場を上海に来て初めて知って驚いた。

軍は内地と戦地とを問はず、日本人に関する限り超短波のラヂオ使用を厳禁し、万一秘かにこれを使用する者は処罰する方針を取り、内地同様軍に不利な情報は一切国民の耳に触れる事を許さないので、日本要路の内閣の閣員さへ、海陸相次ぐ我軍の有利といふ虚報を信じて居る状態であった。これに反し各国、特に中国に於いては、軍の命令も一々徹底せず、大部分は公然超短波を使用して、正確な日本敗戦の情報を聴取して、戦争の前途を早くも見通し、今更和平を急ぐ必要を認めぬといふ強硬態度に変じ、従来の真面目な和平工作は、行懸り上の形式的なものとなってゐた事に感付いた。それも初めは自分も我軍の虚伝を信じさせられて居た一人で、その情報を基礎として交渉中、超短波による戦線を聞くに及んで、その理由が初めて判然と理解され、遂に交渉を中止して帰国の余儀なきに至った。（『余の歩んだ道を思ひ出すまゝに』615―616頁）

南京国民政府顧問の太田宇之助は１９４５年1月14日の日記で「毎日比島の戦局が気になってラヂオ放送を聞くのだが、上陸したルソンの敵は展開準備中、我が方も準備中で愈々戦戦《ママ》の機が近づいて行くが、我が軍が偵察機にまで爆装して全機特攻隊となり、その戦果を見届けることも出来ぬ程の飛行機の不足を来し、敵に制空権を与へてゐるのが何よりも心細いのである。之に伴ふ大陸の影響を想ふ」と短波情報の入手を記している。太田と上海で何回も接した美土路は戦況情報把握の上海と日本の落差の大きさの原因を短波傍受の有無にあると認識したようである。

戦時報道隊の結成

このように日本の敗戦を冷徹に認識する「負け組」の読者が増加しているにもかかわらず、『大陸新報』は内地の新聞ほどではないが、大本営発表の情報伝達に明け暮れていた。１９４４年12月11日には郷軍報道班が結成された。１９４５年5月27日の紙面には前日に戦時報道隊が組織され、本部長に尾坂本社理事長が就任したと写真入りで大きく報じた。緊迫する現戦局に対応して報道宣伝関係者を打って一丸とし、言論報国に挺身すべく上海臨時報道隊を結成した。土田公使、川本陸軍部長ら現地政府・軍の要人の他新聞、通信社、放送局代表者約50人が本社講堂に集まった。座長には和田斉朝日中支総局長が選ばれた。有事における報道宣伝編制を確立すべく、本社内に置かれる臨時統制本部のもとに、現地報道班、取材情報班、号外宣伝班、写真撮影班、宣伝班、放送班など11班を設けるとある。これは米軍の上陸で上海が戦場に巻き込まれたときに、各メディアが有機的な活動を行うことを想定したものであろう。

その時に各メディアを束ねるのが大陸新報社と中国新聞協会であり、責任者が尾坂理事長となっている。大陸新報社と尾坂が中国新聞協会の結成以来、発言力を増していることがわかる。またバンドに位置し、同じビルに朝日や同盟の総局と同居する大陸新報社の役割が高まっていることもわかる。

最後の茶会

1945年6月13日に新任の海軍報道部長の歓迎茶会が中国新聞協会主催で開かれた。

中国新聞協会上海分会主催の新任支那方面艦隊報道部長桑原大佐歓迎茶会は十三日午後三時からキヤセイホテル九階で開かれ、桑原部長、松本大尉、主催者側から中報社長陳彬蘇氏始め陳日平、許力求、金雄白等の諸氏、本社尾坂理事長ら五十余名が出席して盛会を極めた、席上桑原部長は次の要旨次の如き挨拶を行ひ、中国側言論界の協力を要望した。（『大陸新報』1945年6月14日）

この種の会合では必ず呼ばれていた陸軍、領事館などの人物はいない。なにより茶会だけというさみしい歓迎会である。戦局を反映した質素な会である。残っている紙面では最後の会でもある。尾坂の名前がでているのは、中国新聞協会で尾坂や『大陸新報』の地位が高まっていることを示唆するものの、記事の分量も小さく、写真も出ていない。上海の日本メディアの代表者もいない。中国新聞協会の中国側の代表格の3人が出席しているが、間もなく敗戦と同時に彼らは3人とも漢奸裁判で処罰される運命にあった（本書「十四　敗戦後の大陸新報社」参照）。

読者の多くが「負け組」だった

手元にあるマイクロフィルムには残念ながら『大陸新報』の1945年8月の紙面がない。残る最後の紙面は1945年7月9日のものである。同日の紙面は、すでに2頁体制に入り、16段にぎっしりと記事が詰まっている。中国南部への敵の接岸、上陸への対策、延安の毛沢東の動き、上海市内の防空強化などの大陸での戦況が記載されている。物価抑制、特別配給など人心安定のための生活情報もある。B29による日本本土への空襲激化、沖縄戦線の厳しさなど内地の新聞よりも冷静な報道が目立つ。内地の朝日よりもプロパガンダ色は薄い。読者の多くが短波情報や口コミで敗戦必至を認識していた「負け組」であったので、『大陸新報』自身が大本営発表のような虚偽報道をある程度自粛していたのかもしれない。しかし広告欄は第2面に4段分に縮小され、その中で日系企業の解散公告、防空用暗幕広告をはじめ、戦死、東京空襲による二つの死亡広告といった敗戦色が際立っている。

『武漢大陸新報』の支社長がポツダム宣言受諾を認めず、8月15日の紙面で徹底抗戦の社説を掲載しようとしたため、軍が必死に「検閲不許可」を命じたとの悲喜劇は『社史』でも触れられていた。

上海ではこのような騒ぎはなく、本土の新聞と同様に敗戦を受け入れ、幹部は廃刊を覚悟していたと思われる。

十四　敗戦後の大陸新報社

「国策新聞」から引揚新聞へ

終戦で『大陸新報』は暫時休刊となったが、8月末には再刊された。8月27日の社告を見ると、総務局は従来の社屋で仕事を行うが、編集局、工務局は大陸印刷所、業務局は大陸新報虹口直配所に移転した。

紙面はタブロイド2ページと小さくなっているものの、戦後も発行は同一題字と号数継承の形で続いている。8月27日の紙面では陸海軍人の「整斉迅速」な復員を命じた勅諭がトップに掲載されている。こうしてみると、蔣介石は大陸の日本軍に対すると同様、新聞メディアにも重慶国民政府に従い、毛沢東の中国共産党に協力しないかぎりその身を保護する方針を即座に指示、徹底させたことがわかる。『大陸新報』は日本人と日本軍のスムースな引揚完遂を行うプロパガンダ新聞となり、居留民からみれば安全な内地引揚のための情報満載の復員新聞に転換することを奨励され、日本側はそれに喜々として従ったことがわかる。この限りにおいて、国策新聞の引揚新聞への換骨奪胎が蔣介石の国民政府から認められていたわけである。

現存している最後の『大陸新報』は1945年9月10日付けである。8月27日付けが2391号であるのに、この号は2425号で、なぜか号数は実際の日数よりも多い。ともか

敗戦後の『大陸新報』

く記事は支那派遣軍と中国軍との降伏調印式が南京で前日の9日に終了したこと、一方米軍が8日に東京に進駐し、マッカーサー元帥も入京したとある。「社論」なる社説欄も設定され、「自由なる意志の表明」として、新日本での民主主義建設を主張している。2面では上海で規律ある共同生活が送れるように、中支各地から上海に引揚げてきた10万邦人に宗教連盟が食糧援護を開始したとある。「徳をもって恨みに報いる」という蒋介石の送還指令が貫徹されている。病院広告が復活する一方、横浜正金銀行の移転広告も目立つ。

『改造日報』と『中日時報』

旧敵国の国策新聞の存続がいつまでも許されるわけはない。『大陸新報』は9月末から10月初めまでに廃刊となった。継続紙として大陸新報社の旧社屋、設備を利用した『改造日報』が10月5日に創刊された（高綱博文『「国際都市」上海のなかの日本人』３２７頁）。同紙は次のような人によって編集された（「上海日本人文化倶楽部」RG226Entry182Box15Folder89）。以下の12名は居留民の中で結成された１５０名の上海日本人文化倶楽部という自主組織の名簿で、現職が『改造日報』編集部と記載されている者のみをピックアップしたものである。この組織に入らない『改造日報』関係者も少なくなかったはずである。カッコ内は敗戦前の職場名を示す。『大陸新報』にいた者は2人で、そのうち広瀬は編集局顧問、竹本が編集部員である。
宇崎重（武官府）、小林春雄（同盟）、斉藤玄彦（同盟）、佐藤幸司（中華電影）、島田政雄（文学）、高橋良三（会議所）、竹本節（大陸新報）寺田良蔵（中日文協）、徳本繁弥（中支振興）、広瀬庫太郎（大陸新報）、前芝確三（毎日新聞）、渡辺和子（大使館）
中国側が中国人の編集局長を出し、編集局次長にはこの名簿にある前芝確三（毎日新聞上海支局長）を中国側が指名したらしい。次は前芝の回顧である。

十月になると、第三方面軍司令部で日俘、日僑――中国側では日本人の捕虜のことを日俘、在留邦人を日僑といっていた――を民主化するためというふれ込みで、日本字新聞を出すことになった。民主的再教育のためというわけですね。ご承知だろうが、前から日本人の経営する日本字新聞は、上海にいくつかありました。それが戦時中に統合されて、「大陸新報」という一つの新聞になっていたんです。たしか福家俊一君が一時は社長をやっていたと思います。しかしスタッフはなかなかよくって、日本にいにくくなった経済学者の高橋正雄さんなども論説委員をしていました。この「大陸新報」の施設を接収して「改造日報」と題する日本字新聞を出すことになった。どうしたわけか知らないが私は、中国側に名指しで徴用されて、この新聞に勤めることになったんです。（中略）編集局員は、日本人と中国人とほぼ同数で編成されていて、仲よくデスクを並べ、なかなか活発な論陣を張ったものです。学芸部長はもちろん中国人だったが、学芸部次長に選ばれたのが現在の立命館大学教授、高橋良三君でした。彼は当時満鉄の上海事務所にいたんだったかな、とにかく私は高橋君といっしょにこのときから仕事をしてきたというわけですよ。（中略）この「改造日報」は、大陸新報のもとの社屋をそのまま使っていたんだが、それは毎日の旧支局から歩いて二、三分の距離です。（前芝確三、奈良本辰也『体験的昭和史』335―338頁）。

北京では『中日時報』が元同盟社員を中心に日本居留民の円滑な帰国促進のために創刊されたとの証言がある（奥山欣爾「終戦から引き揚げまで」『佐々木健児』1982年、302頁）。『東亜日報』は敗戦後、中国側に接収されたが、北京でも華北から引き揚げてくる日本人は10万人にも達したので、居留日本人のために発行の継続を許された。廃刊を命じられた時期はわからない。国民党の正規軍の北京到着が遅れたので、不安がる引揚者のために同盟社員を中心にカンパ活動が行われ、やはり9月末か10月初めに『中日時報』が創刊された。

新聞の名称は中国と日本が仲よしになろうという願いをこめて「中日時報」創刊号は全紙四ページでその一面五段抜きで栗原（一夫・元東亜新報）氏の「平和への熱願」の大論文が堂々掲載されたほか北京の現況紹介、日僑自治会（居留民団を改組）の動きその他写真も入れて、お目見得した。創刊号は四千部刷り代金は頂かず、配達は旧東亜新報取扱店に逆に費用を払って各戸に配ってもらった。

（略）本紙は、社外の学識経験者と密接な連繫を保ち、その所説を随時発表すると共に、度々テーマ別の座談会を開き、その記事を本紙に掲載する等、紙面の質の高さと新鮮さを失わぬよう努めた。（巳松総三郎「北京終戦始末記」『東亜新報おぼえがき』159―160頁）

『東亜新報』は毎日新聞社や読売新聞社など他紙にいた記者を集めていたが、根幹は同盟通信出身者、もっといえば同盟通信出向者で占められていた。引揚完了後、新聞廃刊後も旧新聞スタッフは本土で「東亜会」という凝集力のあるOB会を結成し、元徳光衣城東亜新報社長を中心にかなり長期に存続し、『東亜新報おぼえがき―戦中・華北の新聞記者の記録』を1984年に同会自身の手で刊行するだけの一体性を継続させた。

『大陸新報』は朝日出身者が幹部にいて、実質的に朝日系列紙であったが、創刊時を除けば朝日色を消した朝日のブラック新聞であった。しかし編集部は他紙ばかりかアウトロー的流れ者が実務を担っていた。商業・文化中心の魔都上海を背景にした新聞であったことが、紙面にバラエティーを持たせたものの、スタッフの一体性を欠いていた。徳光が創刊から終戦まで一人で社長を務めた『東亜新報』に対し、『大陸新報』は木下猛、福家俊一、そして尾坂与市と社長が替わったし、社員の離合集散も激しかった。カリスマ性のある徳光のような社長の求心力が欠けていた。『改造日報』編集部に占める『大陸新報』の旧スタッフの比重は低かった。つまり上海の風土は凝集力をメディアに持たせにくかった。福家俊一にあるのはメタ・カリスマ性とでも言うべきものであったし、尾坂与市には官僚的統率力があったが、正統的なカリスマ性がなかった。

「終戦――」。ノース・チャイナ・デーリー・ニュース社にあった朝日の総局はイギリス側に接収された。狄思威路の社宅は、幸い国民政府の指定した残留日本人の居住区域内にあったので、われわれ朝日人は全員ここに集結した。総局員、軍の報道班員、現地除隊の朝日人が多数集っ

た」(『この途を行く』132頁)

この〝朝日人〟には大陸新報社の社員は含まれなかったと思われる。なぜなら巻末の社員名簿にある住所には、狄思威路がまったく出ていないように、もともと社宅はなかったのだ。

さびしい尾坂の死去

『社史』にあるように、尾坂与市は終戦後も上海にとどまっていた。彼は1946年5月に社員では最後に内地に引揚げた。翌年2月12日に、東京豊島区の自宅でなくなっている。五十三歳だった。告別式は2月14日に自宅で行なわれた。同日の朝日の死亡記事9行には「本社社友、前大陸新報理事長」とある。この死亡記事を見て太田宇之助はすぐに葬儀にかけつけ、日記にこう記している。

フト新聞記事に尾坂与市君死去が出ているのを見て驚く。又北岡春雄氏の死去も報ぜられた。親しかった人が同じ日に死んでいるが、友人がだんだん多く亡くなって行くのは淋しい。(略)急に今日の日程を変更して尾坂君の葬儀に行くこととし、(略)尾坂邸に行くのに時間がかかって漸く出棺を見送る。間に合った。(略)(縫田曄子氏寄贈横浜開港資料館所蔵「太田宇之助日記」1947年2月14日)

上海時代の「太田宇之助日記」には尾坂が37回も登場していた。淡々とした筆致に友情が現われている。同じ死亡欄に出た北岡春雄は元南洋拓殖取締役とある。

『西日本新聞』の尾坂の4行の死亡記事は脳膜炎を死因としている。冒頭「福岡県出身」と記し、地元紙として取り上げたことを示唆している。早い死去、若い年齢だ。いったん退社していたので、若い社友とはいえ朝日への復帰は不可能であった。第一、朝日は民主化に動いていて、戦時中の幹部の多くは退陣していた。中国で国策新聞の責任者であった尾坂が受け入れられる状況ではなかった。それでも無事帰国できただけ僥倖であった。

尾坂は朝日でも数少ない社友で、退社後ずっと社員名簿に残され続けた唯一の大陸新報社の朝日出身者であった。尾坂は美土路昌一の「直系」と言われていた（『現代新聞批判』1939年4月1日号）。しかし最も尾坂を理解してくれていたその美土路は1945年4月に退社していた。美土路は晩年の回顧談で「尾坂君はやめて、『大陸新報』へ行ったりして、戻ってから死んでしまい、また、奥さんも死んだ」と語っており、尾坂や家族の消息をつかんでいたことがわかる（『聴きとりでつづる新聞史』別冊新聞研究第4号、1977年）。美土路は『社史』に出ている回顧で「終戦後もみんなを帰して一番あとまで残った」と評価し、尾坂を惜しんでいる。しかし尾坂の敗戦後の上海での足跡はわからないし、帰国から死亡までの9ヵ月に朝日関係者に会ったという記録も見当たらない。遺族、友人などの消息もわからない。

先に引用した荒垣秀雄など朝日社会部ＯＢ若干名がエッセイで在社時代の活動の一面に触れている程度である。他にも探せば若干あるにはあるが、いずれも尾坂の上司としての部下への思いやりと人情味あるエピソードである。変り種としては、山窩《さんか》小説で名を成した三角寛がいる。三角は東京朝日社会部の外交記者出身であり、自分を世に出してくれた恩人として尾坂の写真を病床に置いていたという。

こういう風な、数々の妖奇で綴られている彼らの生態に、私はいつ知らず魅惑されていた。どうしても山窩に会って、その瀬降《せぶり》を見たい――私は、我慢ができなくなって、いよいよ、瀬降を探しに、野山を探訪する決心をした。今までは、犯罪の面からばかり彼らの知識を吸収してきたが、彼らの社会は、そうでないものが多分に秘められているように思われてならない。しかもそれは秘密のベールにつつまれた世にも美しい社会であるかもしれないのだ。

幸に、私は朝日新聞の現職記者である。それを、新聞のつづきものに書いても面白いと思ったので、私は社会部次長であった尾坂デスクに相談してみた。

「尾坂さん、社ではそんな企画に賛成出来ないでしょうか」

私は、瀬降行脚についていろいろと説明し、その意見を聞いてみた。

「それは面白いにきまってるよ」といって、彼は黙っている。

「やらして、もらえますか」

「だからといってだな、そんな危険なことと知りながら、朝日としてキミにやらされるかい」

と尾坂氏に一蹴された。たしかに、私のこれから探検しようとするのは、未知の世界であり、今までの概念からすれば無気味な危険を孕んでいる。無鉄砲にとびこんだら、そのまま、どこかで消されるかも知れないのだ。彼は、心から私の身の上を思っていってくれたのである。

後で感じたことだが、もし、尾坂氏がそのとき賛成して、たとえば新聞連載をやったとしても、調査は不十分で、きわめて不完全なものしか書けなかったであろう、ということが、私が探訪にかかってから、すぐ判った。

予想していたことであるが、その調査はまことに容易なものではなかったのである。だからといって、この調査を断念することは出来なかった。

「それじゃ、私個人の勉強のために、暑中休暇になったら、私費で出かけます……」

というと、尾坂氏はギョロック目玉を一層まるくして、

「勝手にゆくものを止めはしないが、行くなら警視庁に話して、ピストルぐらいもってゆけよ」

と忠告してくれた。（『山窩物語』三角寛サンカ選集第一巻、76―77頁）

戦後まもなく上海や南京では漢奸裁判が始まった。尾坂とともに中国新聞協会の常任理事であった中華日報社長代理の許力求は懲役7年、公権剥奪7年、同じく平報社長の金雄白は懲役2年6ヵ月、公権剥奪2年、家族の必需生活費を除く全財産没収の判決が1946年に上海高等法院によって出された。（『上海新聞史（一八五〇―一九四九）』987―988頁参照）上海の国民新聞社長の陳日平は無期懲役となった（益井康一『漢奸裁判史』）。多分中国人理事の全員が漢奸（売国奴）として、国民政府の裁判によって同レベルの判決が下された。戦犯として尾坂の責任を追及する動きが日本でも中国でもいつ起きても不思議でない状況だった。大陸新報社は朝日などとともにG該当（軍国主義および極端な国家主義者）の新聞社と指定された（岡田典一『公職追放令の逐條解説』）。尾坂はおそらく公職追放の処分を受けたか、その運命にあった。児島博主筆が追放処

分（月刊『たいまつ』1974年3月号）を受けているので、尾坂の追放決定が死亡前には予想されていたことだろう。日本も安住の地ではなかった。彼は身を縮めて生活せざるを得なかった。それが早い死を招いたと思われる。

『大陸新報』での五年弱の活動は彼の社会的生命ばかりか寿命をも短くした。『大陸新報』は経営的には順調であったろうが、いつも緊張感の中で行動せねばならなかった。1940年3月28日、『新申報』の中国人記者が通勤途中狙撃され腹部貫通の重傷を負ったこともある。国民党側から敵対視される『新申報』の責任者を兼ねていたので、いつもテロの恐怖下で生活していた。国策新聞副社長、理事長、中国新聞協会筆頭理事として南京政府、軍部、新聞業界との折衝などでの重圧、気苦労は絶えなかった。結局、朝日新聞社を退社、社友にさせられたことが、尾坂を消尽させた。

尾坂与市は朝日の中国への野望に潰された犠牲者であった。

十五　緒方竹虎の蹉跌

平時はデモクラシー、戦時は帝国主義

朝日はもともと大阪から出発した新聞社で、本社も大阪に置かれ、関西に強固な基盤を築いていた。また大阪朝日は米騒動の報道で激しい政府批判を展開して発行禁止処分（白虹事件）を受けて以来、不偏不党の現実主義をとりだしたが、それでも東京朝日や他紙よりはデモクラシー色が強かった。満州事変や軍縮問題でも厳しい軍部批判を展開した。しかしその論説をリードしてきた高原操主筆は中国侵略批判から現状肯定の立場に転換し、部下にも理解を求める事態になった。高原も参加した1931年10月12日の大阪朝日取締役会では、「大阪朝日新聞社今後ノ方針トシテ軍縮ノ縮小ヲ強調スルハ従来ノ如クナルモ国家重大時ニ処シ日本国民トシテ軍部ヲ支持シ国論ノ統一ヲ図ルハ当然ノ事ニシテ現在ノ軍部及軍事行動ニ対シテハ絶対批難批判ヲ下サス極力之ヲ支持スヘキコトヲ決定」し、翌「十三日午前十一時ヨリ編輯局各部ノ次長及主任級以上約三十名ヲ集メ高原ヨリ之ヲ示達」した後、東京朝日にも同様な方針を徹底させるため下村宏副社長が上京した（『資料日本現代史』8、96頁）。しかし東京朝日の緒方主筆の方では、大阪朝日の満州事変批判や軍縮推進の言論活動を不偏不党の社是からの逸脱、ないし突出と見なしていた。下村副社長の説得活動は軍対策のセレモニーでしかなかった。

東西の朝日が現実受け入れの方針に揃ったと見た緒方が以降、大阪朝日の言論をも統括する主幹として社全体の編集、論説の陣頭指揮をとるようになった。大阪朝日の大正デモクラシーの命脈がここでほぼ消えた。五・一五事件や二・二六事件では軍部批判はできなかったし、しようとしなかった。満州事変から盧溝橋事件や支那事変でも現実追認に終始した。緒方が「筆政」を担うとともに東西の社論の乱れはなくなったが、軍への迎合が目立つようになった。不買運動が在郷軍人会で散発的になされたが、攻撃相手である朝日の現実路線への転換でかつての勢いがなかった。盧溝橋事件と第二次上海事変以降、社内の空気は急に保守的になった。「二代目村山社長が内心殊に新聞社の将来に対し恐怖感を持つに至り、満州における情勢も鑑みて引きづられるようになったのが一番の原因」と論説委員だった太田宇之助は見ている（『生涯』163頁）。初代オーナーの村山龍平は平時はデモクラシー、戦時はナショナリズムを編集方針とすることを編集幹部に指示していたが、二代目の村山長挙にはリベラルな体質はなく、中国侵略を是認する国権主義的ポリシーを支持していた。緒方の体質も平時はデモクラシー、戦時は帝国主義という社論の矛盾に違和感がなかった。

次は緒方の戦後の反省、いや居直りの弁である。

軍のやり方というものが、段々政治の面にのさばって出て来て、日本の政治をコントロールして、戦争に向けて行こうという動向が、大体支那事変が始まる前頃から意識的に出て来たように思う。僕は今から考えて見て、中央の大新聞が一緒にはっきりと話合が出来て、こういう動向を或る適当な時期に防げば、防ぎ得たのではないか。実際朝日と毎日が本当に手を握って、こういう軍の政治干与を抑えるということを、満洲事変の少し前から考えもし、手を着けておれば出来たのじゃないかということを考える。軍というものは、日本が崩壊した後に考えて見て、大して偉いものでも何でもない。一種の月給取りにしか過ぎない。サーベルを掲げて団結しているということが、一つの力のように見えておったが、軍の方からいうと、新聞が一緒になって抵抗しないかということが、終始大きな脅威であった。従って各新聞社が本当に手を握ってやれば、出来たのじゃないかと今から多少残念に思うし、責任も感ぜざるを得ない。満洲事変で軍が非常に政治的に力を発揮するようになってからは、これは丸腰の新聞では結局抵抗は出来ない。只主筆とか、編集局長が自ら潔しとする意味で、何か一文を草して投げ出すか、辞めるということは、痛快は痛快だが、朝日新聞の中においてはそういうことも出来ない。それよりもこれは何とか一つ朝日新聞が生きて行かなければならないという意識の方が強くなり、それには転がり出した石がどこまで伸びて、どこに落ちて行くか分らないから、責任の衝に当るものを成るべく集約して、明確にして置くということが、必要なんじゃないかということで、社内の機構を段々と狭めて行って、或は編集会議を作り、その議長に自分がなる。主筆制も大阪と東京とを一つにしたのも、何か問題があった時に、一人が責任を取るということで大体片づく。又その次に責任に当るものが立ち、又次に当るものが立つということで行くよりしようがないのじゃないかというような気持で、私一人が主筆にもなり、編集会議の議長にもなった。そんなわけで、当時はたゞ新聞が痛快な文章を出して軍に対抗しようという気持は全然なかった。しかしファッショの勢いは大体陸軍であると思っていた。事実又下剋上というものも非常に陸軍において強かったし、海軍には少かったように思う。それであの気違いじみた陸軍のファッショ的傾向を抑えるのには、力は弱いけれども海軍以外にはない。海軍と陸軍と両方の政治力を比較すると問題にならないが、それでもなお且つ軍部という名前がつくだけに、海軍の力は或る程度陸軍を牽制し得る。そういう考から海軍の人に自然に会う機会が多くなって、それから米内大臣、山本次官、井上軍務局長というコンビの時代で、海軍は非常に連絡がよく取れておったが、段々にそれと接近してお互に率直に物がいえるようになったので、その力で以て非常に大きな破綻になることを防ぎ得るという考を持っておった。（緒方竹虎「叛乱将校との対決の一瞬」電通編刊『五十人の新聞人』２０６―２０８頁）

軍への積極御用

１９４０年以降、終戦までは軍への一瀉千里の協力であった。大陸新報社設立の際、軍・政府は大新聞への配慮を慎重に行い、どのメディアからも批判を受けない方策を練っていた。満州進出の際、関東軍参謀部でさえ、朝日など巨大マスコミの連合による軍部批判を恐れていたことがわかった。そのなかで自紙の利益独占を図るべく、抜けがけの行為を選択した中心人物が緒方であった。それは親友の古野伊之助が同盟通信社のために行った自社中心の利益追求行為と類似していた。緒方は陸軍の横暴を抑えるために、海軍要人への攻勢を強めたと弁明しているが、陸軍も抑えられず、海軍にも利用されるだけであった。また神尾茂、太田宇之助のいずれもが朝日や彼ら自身の売り込みではなく、陸軍からの派遣要請で工作に参加した。朝日側ではその要請を受けることが陸軍への貸しであり、情報獲得にも有利になるとの打算があり、それが軍御用新聞への傾斜となることへの警戒はないどころか、歓迎すべきものとの計算が優先していた。

創刊当初、『大陸新報』は成功するか、失敗するか予測できなかったが、「国策新聞」であるため資本提供の必要がなく、成功した際の利益は大きいと考えた。ローリスク・ハイリターンとの経営判断であった。しばらくして『大陸新報』の成功が見えてきた段階での『満州朝日新聞』計画は自主経営をねらったヴェンチャーであり、本体の用紙不足解消策をねらった二兎を追う抜け目ないものであった。しかし毎日など他紙への軍部の配慮がそれほど強いこと、逆に言えば、軍の朝日評価が思ったほど高くないことに気付かなかった。その失敗を教訓に、成功しつつある大陸新報社からは朝日色を消しながら、その経営強化を図り、朝日の中国進出の橋頭堡構築に傾斜するようになった。福家の排除を図り、軍部の統制に便乗した財団法人化を実行し、内部から朝日色を固めようとした。その意図が中国新聞協会の設立と、朝日による協会支配の確立である。大陸新報社や協会を隠れ蓑とした朝日の野心は、華字紙までも支配下におく中国侵略工作に他ならなかった。その成否は中国での日本軍の制覇にかかっていたが、すでに新聞協会設立時において軍の凋落は明らかであった。そのため新聞協会の設立の時期は遅きに失していた。１９４４年の最高経営決定機関の業務会議では大陸新報社の値上げが議題として取り上げられ、その経営を本社と一体化しようとしたことは先ほど指摘した通りである。

美土路の辞意表明

美土路昌一の方が緒方よりもデモクラシー的な編集方針に原理的に傾斜していたが、緒方の編集方針に異を唱えることはなかった。美土路は社内的には「第二の緒方」であった。1938年から1940年ごろの朝日は編集局では緒方・美土路体制の全盛期であった。緒方が政治部を、美土路が社会部を基盤に人事を掌握していた。とくに緒方は代表取締役・専務として村山、上野家の大株主が交互に代る社長、会長の確固とした支配体制を編集面で支える朝日の総支配人であった。東西朝日に勤めてきた緒方は伝統的な東京、大阪の地域閥の解消に努力し、かなりの成果を挙げた。とくに初代社長村山龍平の信頼が厚かった。また美土路は常務取締役であったが、編集局長さらには編集総長として緒方を支えていた副支配人であった。

1944年3月か4月頃、政治評論家の御手洗辰雄が美土路を突然訪ね、小磯国昭朝鮮総督の使いとして御用新聞『京城日報』社長就任を要請した。美土路は再考の余地がないと直接小磯に会って断った。ところが執拗な要請が続き、朝鮮総督府政務総監の田中武雄が、「この事は御社の村山社長にも緒方副社長にも直接面会して、已に各々諒承を得て居ると思っている」と美土路に無断で承諾の返事をしたとのことだった。美土路はビックリして、早速緒方に聞いてみると「俺の方は差支へない」と美土路との話をした。美土路は長年の緒方との接触でこのときほど不愉快な思いをしたことはなかったという。これを機に緒方との長年の友情は消えうせた（この『京城日報』社長人事をめぐる美土路と緒方の齟齬については、社内でも知られたらしく、河合勇は「美土路としては、何か割り切れない、水臭いなあという感じを持ったことは否めない」（『小説朝日人』148頁）とコメントしている）。

村山長挙社長に面会して質すと、村山も政府にはっきり承知の返事をしたとのことである。以下の村山・美土路問答は美土路側の記述であって、村山側の裏付けはない。美土路の晩年の記憶に依拠していることへの制約はあろう。しかし朝日社員にとって村山家は創業以来いわば天皇家であり、村山オーナーに直言し、そしてそれが曲がりなりにも公にされた例はきわめて珍しい。緒方が「資本と経営の分離」で村山社長の退任、緒方の社長就任を石井光次郎と申し出たのは、この半年前であった。その際には、石井が説明役で、緒方は黙っていたと言われるが、石井は緒方を代弁していた。村山からの両専務への回答は提案拒否と、緒方の副社長への祭り上げ、つまり社内での実権剝奪であった。戦争末期のどさくさで幹部二人が村山家に創業以来、初めてといってよい直言を行ったことになる。美土路の直言は二番目の社長へ物申すであった。

今までにも各所で引用してきた美土路の『余の歩んだ道を思ひ出すまゝに』は、他の朝日社史資料とともに古書店で入手したもので、調べた限りでは、図書館などに所蔵されていない。今まで同書から直接的に引用した文献はなかったが、最近出た『現在窮乏、将来有望』という美土路の評伝の参考文献のトップに本書が掲げられている。そこには１９７１年刊行とある。現物をみると、１９６７年に「まえがき」が書かれているが、奥付はない。Ｂ５版８００ページになんなんとする膨大な回想記である。朝日新

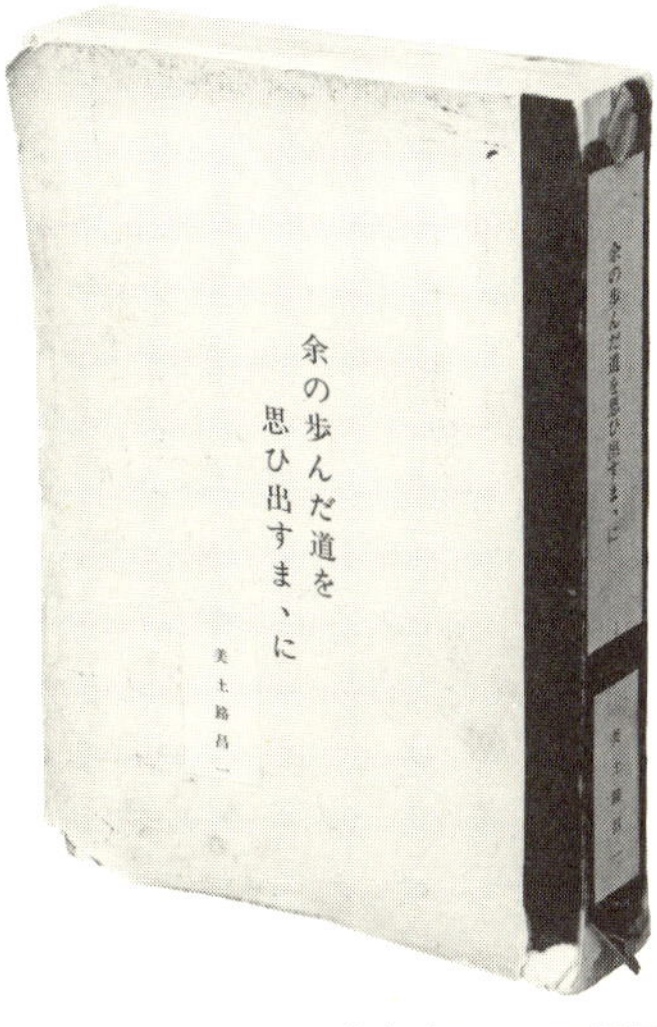

美土路昌一の回想録

聞社史編修室の刊行物とスタイルが似ているので、そのシリーズとして刊行される予定で準備されたものであろうか。1967年の朝日社長退任前後の時期に時間をかけて社史編修室スタッフがインタビューし、テープおこししたものと推測される。結局公刊されなかったか、少部数が制作されたのみであったかもしれない。

『余の歩んだ道を思ひ出すまゝに』には現役時代、カミソリと言われたおもかげはないが、抜群の記憶力を生かして各時期の体験を冷徹にふり返り、客観的に位置づける能力はただものではなく、同書から老人の繰りごとを排除している。村山家と役員との朝日経営をめぐる社内大騒動を解決するために美土路は1964年、全日空社長から古巣の朝日の社長に呼び戻された。村山家との対話は効を奏せず1967年に広岡知男を後任社長に指名して退陣した。以下の「村山社長の態度に憤慨」の項は、1944年、つまり二十年前の『京城日報』社長就任要請の件を想起したものである。

自分は改めて交渉を受けた経過を話し「断って来た」事を述べると「行ってやったらどうだ、行ってみていけなかったら、又何時でも帰社されて良い」「行ってみろと云っても、御用新聞をやるといふ原則的な立場で反対して居るのである」「本社では軍の懇請で南方で新聞を出してゐる、それに出向する気持で行けば良いぢゃないか」「自分としては、南方に本社が御用新聞を発行するといふ事自体にも反対意見を持ってゐる、又同じ御用新聞でも、本社のものは形だけでもまだ民間の自由資本でやって居り、民主民営のものであるが、朝鮮のは純然たる官主官営であって、朝日新聞のこれまで反対してゐる言論統一を行はうとするもので、自分としては、節を屈して承諾することは出来ぬ」「然しさうすることが、軍と協調することだと自分は思ふ」「自分としては軍と協調することより、言論の自由を守るといふ事の方が、新聞として、特に今日の場合必要だと思ふ、それが為め自分は今日まで、全身命を朝日新聞社に捧げて来、貴方もそれを認めてくれて居ると思ってゐた、今になって何も云ふ事はないが、貴方はこれ程云っても、僕の気持が諒承出来ないのは残念だ。新聞記者、特に細々ながら自由主義の孤塁を守りつゞけて来た朝日新聞の編輯総長までやって来た男に、今急に従来の主義主張を百八十度転換して、政府のお太鼓叩きをやれと云はれるのは、一体何ういふお考へだ、これは勧告か、命令か」

と云ふと「命令と解釈してくれて良い」といふ返事だ、それを聞いて自分は激怒した。

村山長挙

「勧告なら君の何んな意見でも一応聞いて置くが、命令とは何だ、一体君は何の資格があって身売りの命令を出すのだ、君の出し得るのは余の退社命令までだ、小磯と約束し得ることは、朝日新聞社長として、余の在任が最早必要ないと云へば宜しい、社の不要の人間の就任先まで考へて約束する必要はない、それは第一余に対して越権であり、非礼である、社内での職務で一度だって自分の都合を云った事はない、今やっている非常対策本部長だって、原田譲二に云はせれば「美土路もとうとう火消しに成り下った」と冷笑を受けても、社の仕事だと思ふから、一生懸命にやってゐる、社の都合ならどんな地位でも甘んじて、又喜んで受けるが、かういふ新聞記者の信条を傷つけるやうな、無理解な且つ非礼の人間と一緒に仕事をする事は出来ぬから、唯今限り自分で辞職する」

と云ひ棄てて退席し、理由は云はぬが、一身上の都合で退社する事を一二の部長に話して帰宅した。（『余の歩んだ道を思ひ出すまゝに』595―596頁）

美土路の村山社長への直言第二弾

美土路は二度と村山と共に働く気は起らず、彼から慰留の書面が届いた時にも「死灰再び燃え難し」という一句を挟んで拒絶の回答をした。しかし多年苦難を共にした同僚の社員の熱意を込めた慰留を無にする事も心苦しく、二度目に村山が説得に来訪した時、次のような条件を提出して、これを容れるなら、ここしばらく落付くまで社に留まることを承諾したという。

一、従来本社の会議は名のみにて、非常に慎重に討議して決定した事も、一夜にして社長の意の儘に変更される、この弊を一掃し、飽く迄公明に会議の決定を守ること

二、社長の行動に公私を紊ること多し、社長たるものは戒律を厳にし、公私の別を明らかにすること　一例を挙ぐれば漫《みだ》りに南方派遣の飛行機を濫用し村山家の物資、洋酒類を満載帰社させ、社員は悉く物資の窮乏にあえいでゐる際、一度社長室に入れば洋酒洋莨その他贅を尽すが如きは断然廃止すること、現在は政府の強制的作業手帖があり、漫《みだ》りに勝手な

行動を許されて居ないが、社内特に工場内に於ける不平不満は、勃発寸前の状態である、速かに生活態度を改めざれば、戦勝戦敗何れを問はず、終戦と共に社内の爆発は恐らく新聞界中朝日がその前駆となるであらう

三、この際朝日ビルを朝日新聞社より分離し社団法人として朝日及社員の協同経営とし、その利潤は挙げて社員の福祉事業に当てる事

四、今社員は実に窮乏の極に達して居るから、君は月給だけで生活することとし、ボーナスは此際辞退して社員に分与し、僅かだが皆と一緒に苦労して行くといふ態度をとること

しかし今度の直言も美土路によれば村山の約束は例により一片の反古同様で、そのままに放置されてしまった。そこで辞職をしようとしていたら、それを聞きつけた社の連中が激しい留任運動を起こし、彼らの友情もだし難く、半年間程退社を延ばした。（『余の歩んだ道を思ひ出すまゝに』598―600頁参照）

美土路は編集局中心、社会部中心の社内志向の人物と思われがちであるが、なかなかの策士である。緒方のように陽性で社交的でないこと、緒方よりもはるかに権力者ネットワークが狭いことはたしかであるが、この自伝を見ると、宇垣一成を核にした岡山県出身者ネットワークの中に入り、それを基盤に活動をしていることがわかる。その証拠に美土路は福家俊一をメッセンジャーボーイとした満州派との秘密交流を『大陸新報』誕生以前から行っていた。美土路は御用新聞を嫌い、ことに植民地、占領地での軍御用新聞、「国策新聞」からの誘いを自ら拒絶しながら、尾坂など部下の辞任、転出は承認している。美土路は『大陸新報』を基本的には

「国策新聞」であると認識しつつ、長年仕えてくれた部下の尾坂や社会部記者を上海に派遣している。非情の人事と認識しながら、社友として特別の処遇を示すことで、尾坂を納得させ、尾坂の朝日での出世コースを捨てさせた。はたして村山社長との勇気ある問答の最中、美土路は自らと上海にいる尾坂を思い浮かべ、尾坂の立場に思いをいたしたであろうか。

各種和平工作の失敗

『京城日報』の件の直後、美土路は小磯首相や宇垣の意向を受けて上海に飛んだが、その際尾坂与市の出迎えを受け、「上海支局長の戦況報告や政情報告を聞き、又尾坂大陸新報社長の別方面の状況説明は非常な参考になった」という（610頁）。朝日支局長野村宣の名はとどめず、尾坂の名が記されている。ともかく美土路は中国人との交渉では相当慎重に相手を選ぶ必要がある、一番早く来るのは、売り込み専門のその道の商売人か、当方の情報取りであると身構えていた。はたして一番早かったのは繆斌《みょうひん》であった。彼のことは出発前から日中和平ブローカーと見ていたので会いたくなかった。彼は当時の野村支局長と親交があったらしく、支局長がしきりにあってくれと頼む。しかたなく会ったが、巧みな日本語で、誰にでも何回か話しなれたような文句を暗唱的にペラペラまくしたてる。小磯内閣、とくに緒方の名前をたびたび出して、〝お帰りになったら、是非緒方さんに御目に掛かりたいのでご尽力を願いたい〟と一人で滔々と一時間喋りまくった。〝言葉の多きは実少なし〟と全く信用できない人物と見た。

美土路は帰国して、それを緒方に伝えたら、緒方はなにか奥歯に物の挟まったような、はっきりした返事をしなかった。その頃小磯内閣に入閣していた緒方が繆斌を国賓待遇で呼び、和平交渉をしようとしていた。繆斌を交渉役にするという小磯、緒方の方針は陸軍、外務省の猛反対で採用されないどころか、それが原因で内閣崩壊となったとも言われる。けだし内閣崩壊を導くほどにその和平工作の失敗が影響を与えたとすれば、無視し去ることはできないが、戦局のさらなる悪化が最大の原因であった。

　一方、美土路和平工作の内容は具体的には回顧録には記載されていない。したがって彼の和平工作の全貌はわからない。むろん『社史』には出ていない。1944年9月24日の「太田日記」に美土路が二十数年ぶりに上海に来たと記録されているが、何回か会った太田は美土路が和平工作に来たことに気付かなかったようである。ただ満鉄調査室情勢班の小倉音二郎は上海に和平工作に来た美土路とは所長公館で、また宇垣とはキャセイホテルで会ったと証言している（「終戦前後」『長江の流れと共に―上海満鉄回想録』71頁）。美土路の工作もなんの成果も生まず、政治過程になんらの影響も与えなかった。

　なお神尾茂や太田宇之助による中国内部での日本軍の侵略のための工作は和平工作とは直接つながらない。ただし両者に香港で独自の和平工作の一端を担わせたことがあり、繆斌工作で自分自身が主役として演じたいという意欲が緒方には湧いたと思われる。笠信太郎《りゅうしんたろう》がスイスのベルンで行った工作には緒方は関与しなかったし、その存在も知らなかった。なおこの笠工作なるものは『社史』にも朝日の和平攻勢の一つとして評価されているが、笠が一方的に緒方に打った電報送信に過ぎなかった。それは外務省の事務当局に握りつぶされ、外務大臣どころか緒方にも届かなかった。笠自作自演の幼稚な和平劇に過ぎない。

　影佐禎昭や軍機関は、青幇を利用した暗殺工作を非公然に指揮する一方、朝日がお気に入りで、平和的、紳士的な朝日の中国専門記者多数を顧問や嘱託に引き抜いた。かつての「国賊新聞」で今や「国策新聞」に転換した朝日に対し、一般読者は反軍的リベラリズムの新聞との神話を依然としていだいていたため、国内世論工作には朝日の利用価値が高いと見たのであろう。

緒方らは軍の期待に反し、斬新なメディア戦略を生み出す力量がなかった。緒方らは現地軍部将校と同様に、戦局の展開に翻弄されるばかりで、国際的に物事を冷徹に判断できない島国育ちの人間であった。軍人が世界を相手にしていたのに対し、日本のメディア人は日本語圏でしか活躍できなかったので、軍人よりもさらに空間的な視野が狭かった。軍という権力を批判する勇気も持っていなかった。緒方にしろ、美土路にしろ、朝日型サラリーマン重役であったため、強力なリーダーシップと個性で社論を動かす力量が無かった。美土路の村山長挙社長への直言の中で社長が平然と取締役会の決定を覆し、幹部との約束を弊履のごとく捨てるという指摘がある。このようなオーナーの独断専行を許す社風の中での独自の国策の提案には限界があった。緒方、美土路らに軍部や官僚をはねのけて、和平工作を行う勇気と実行力があったのかという疑問には否定的にならざるをえない。

したがって緒方らの派遣した記者たちの進言や報告書からはこれといった成果の記録が見出せないのは当然といえば当然であった。太平洋戦争が始まって馬淵逸雄がクアラルンプールで参謀長をしていたとき、「君の知っている朝日人を司令部に全員集めよ」と派遣記者に命じて、朝日記者に特別の待遇をしたのは、馬淵が「大の朝日ファン」であったかららしい（長生俊良「陣中新聞づくり」『戦争と社会部記者』44―45頁）。支那事変直後の影佐、馬淵は彼ら朝日記者を買いかぶりすぎていた。

十六　ブラック・メディアとしての『大陸新報』

「国賊新聞」から「国策新聞」へ

1923年の虎ノ門事件の報道に怒った右翼が村山長挙専務を襲った際、緒方は村山をかばって重傷を負った。二・二六事件のとき、朝日新聞社は陸軍青年将校の襲撃を受けた。そのときも緒方が銃剣をもつ部隊責任者と落ち着いた応対をして男をあげた。とかく朝日には右翼、軍部からの攻撃が絶えなかった。『国賊東京及大阪朝日新聞膺懲《ようちょう》論』（野依秀一、1928年）、『大阪朝日新聞は正に国賊だ！』（藤吉男、1932年）、『軍部を罵倒する国賊大阪朝日新聞ヲ葬レ』（松井芳太郎、1933年）といった書籍やパンフレットは多かった。ところが支那事変以降の軍部側の資料には朝日をリベラルとか、ましてや「国賊新聞」と見なすものはもはやない。朝日は安心して「国策新聞」を任せられる有力紙であった。朝日の本紙は内地で戦争報道を煽って部数を急増させた。

『大陸新報』は朝日の「国策新聞」化を促進させる触媒の役割を果たした。リスク性の高い資本の直接出資を避け、転出社員を退職扱いにする部分関与的な慎重な協力関係からはじまったものの、高い収益をあげる新聞であると判明すると、朝日色を押し隠しつつ、一般紙を装ったブラック新聞への転換を進めた。満州その他中国への帝国主義的侵略機関の基盤づくりに転出社員を暗躍させる工作を始める。また軍部による抗日華字紙テロという援護射撃を受けつつ、朝日関係者は『大陸新報』の勢力拡大を図った。『社史』はその世評を気にしてか、あるいは戦後の朝日が批判して止まない南京事件や軍の中国侵略での朝日の報道責任を読者に感じさせないためにか、神尾茂の香港での和平工作が異常なまでに強調されている感がする。それは『大陸新報』に割かれたスペースの4倍である。しかし神尾が仕掛けた独自のいくつかの和平工作は、権力を動かすことはなく、ことごとくの失敗は朝日の限界を露呈するものであった。

こうして「国賊」から「国策」への姿勢転換は、緒方の主導で中国侵略という国際的謀略の渦へ朝日本体を巻き込むことになった。『大陸新報』は新聞と日本国との関係、新聞と中国の関係など客観的に把握しにくいマンモス・メディアの行動を鋭角的、象徴的に映し出すミニ・メディアであった。

『大陸新報』の収益性と侵略性

『大陸新報』創刊号の第3面には、大阪毎日新聞社長奥村信太郎、読売新聞社長正力松太郎、同盟通信社長岩永裕吉の祝電と並んで、朝日新聞社長上野精一の祝電が出ているが、上野の分量は他社の3倍もある。また同日の第18面には『週刊朝日』、『アサヒグラフ』など朝日新聞社の雑誌、書籍の全面広告が掲載されている。『社史』には『大陸新報』に「相当の人員」を出したとあるのに、当時の「社報」や「社員名簿」あるいは「写真帖」のどこにも転出先としての『大陸新報』の名前が出てこない。一方「南方新聞」や南方支局の活動や出向人事については、頻出する。また1944年に軍から同社に経営を委託された『香港日報』の関係者もかなり出てくる。こうなると、朝日から『大陸新報』への転出は社内でも秘匿されたものであることがわかる。

『ジャワ新聞』は軍報道部による赤字補塡と購入の保証という陣中新聞であったから公然と創刊できた。またライバル紙も同様な行動を示したので、『大陸新報』の半分以下の発行期間にもかかわらず、その歴史的経過を従来の社史で堂々と記述してきた。ところが『大陸新報』の発行は陸軍参謀本部から朝日のみへの実質的参加要請であったこと、その参加には秘密性があったことから、当時から社内外で秘匿されていた。しかも軍の窓口が影佐禎昭という参謀本部の名うての謀略専門家であったこと、影佐と緒方らが相互利益供与の関係にあったこと、さらに影佐の特務機関が暗殺、処刑といった特務工作で悪名を残したことなどから、『社史』では公表しづらかったのであろう。華字紙『新申報』は中国人に対し日本主導の大東亜共栄圏を宣伝し、日本軍の侵略を納得させるための宣撫新聞であった。『大陸画刊』も『新申報』と同質の宣撫メディアであった。

『新申報』も『大陸新報』も汪精衛政権という傀儡政府を支援し、軍の中国侵略をごまかし、真実の報道を行わなかった謀略新聞であった。『社史』で美土路は「南方新聞」を朝日新聞社の勢力拡大の布石であり、『大陸新報』の発行とは「意味が違うと思う」と言っている。『大陸新報』には中国侵略とか、帝国主義的野心がなかったと言いたいのであろう。しかし本質は同じである。ただホワイト・プロパガンダかブラック・プロパガンダかの差異である。ブラックの方が質が悪い。

『大陸新報』を『社史』のなかではじめて登場させたことは、１９９１年当時の中江社長が

「序」で述べた「汚点」の自己抉出の姿勢の表れであることはたしかである。しかし今までの分析からわかるように、『社史』の『大陸新報』記述は短く、資料も少なく、分析は浅い。影佐禎昭の名は出るが、梅機関の名は出ない。人員、設備を提供したと述べつつ、肝心の資本関係については触れていない。他のライバル紙の『大陸新報』への協力の度合いや関係もわからない。つまり「経営に協力した」と記しながら、「経営」の実態について隔靴搔痒の感がする。中江社長のいう「包み隠さず」とはとても言い難い。

『社史』は「南方新聞」の記述もページを増やしているが、その増加はジャワなどに派遣された幹部の回顧談が多くなったためである。そこには発行を正当化する体験談が満ちている。相変わらず軍部に責任を転嫁させる朝日関係者一流の自己弁護の姿勢が記述には貫かれている。経営関係の新資料もほとんど見られない。多少なりともヒラの記者や現地人の読者の証言を集める努力をするべきであった。

『社史』は「昭和戦前編」の第6章「日中全面戦争の渦中へ」の第3節「朝日の和平工作」において、神尾茂を香港に派遣して、日中戦争拡大回避と和平に努めたことを力説している。この「和平工作」も従来の社史になかった新事項であるが、その依拠する資料はこの小論でも活用した神尾の『香港日記』である。また『社史』には朝日や緒方竹虎が汪政権樹立に反対であったという首をかしげさせる記述がある。さらにこの『社史』の限界というか、老獪さというべきものは、神尾の本の半分を占めている「上海日記」を意図的に省略していることである。神尾の活動の神髄であった「上海日記」こそが、朝日の「汚点」と関連深いところである。「国策新聞」という宣撫新聞の発行やそれへの特務機関の関与にかかわっているので、つまりブラック活動そのものであるため、故意に「上海日記」を排除したのであろう。

ＧＨＱへ提出した弁明書

朝日はＧＨＱへ提出した弁明書で自己の戦争責任を軽減すべく、ぎりぎりまで太平洋戦争回避のための努力を行った最後の新聞であったと述べた（１９４８年４月15日提出「朝日新聞調査表」RG331Box8602Folder25）。

日本の最大の悲劇である太平洋戦争、その阻止に朝日新聞は全力を試みた。真珠湾寄襲《ママ》の日、十二月八日附の朝日の紙面を見れば、誰でもが朝日の平和的態度を諒解するであろう。が、戦争の進展とともに政府の言論統制は日とともに強化された。その間の朝日の態度は今日から見て些かあきたらぬものがあろうが、あの時、政府の命に反し独自の立場をとったとすれば、すでに朝日の存立は許されなかつたのである。朝日新聞が他の諸新聞に比較して最も遅れて政府に追従したことは幾分その罪を軽くするものであろう。

しかし朝日は支那事変以降もっとも戦争を煽った新聞であったことはたしかである。この『社史』が強調する香港での「和平工作」の節には、「武漢攻略に報道陣二千人」という見出しの記事が挿入されているし、その前節は朝日だけで総数１３８人もの特派員を派遣した軍の中国攻略への過剰ともいえる熱狂的な報道ぶりを扱った「戦局の進展で特派員増派」（第２節）である。朝日は太平洋戦争でライバル紙以上に派手に戦況を報道したとの世評があった。作家

支那事変時のポスター

の田辺聖子は『週刊文春』の連載エッセイの中で当時の雰囲気をよく伝えている。

朝日新聞は、戦時中の記事、毎日より勇ましゅうて派手で威勢よかった。庶民は「みぃ、朝日読んでたら、気ィ大きゅうなる」いうたもんです。「赫々《かくかく》の武勲、必死必中の体当り、敵大混乱」なんて書いて、庶民を嬉しがらせとった。毎日はわりと地味でしたな。朝日が派手で、みな朝日の記事がおもしろい、いうて人気あった。（『女のとおせんぼ』62頁）

熱狂的な戦争報道で朝日の部数は増加し、広告増収も顕著で、多額の戦況報道経費を補ってあまりある利益をあげた。

朝日は長年の読者からの軍用飛行機の献納募金（献機運動）によって陸海軍から便宜供与を与えられ、自紙の取材活動の迅速化、飛行機部門の営業化（日本最初の民間航空会社設立）に成功したが、１９３９年12月20日の神尾日記にあるように、大場鎮飛行場での海軍からの建物付き2万坪の敷地の同社への供与がなされることになった（本書１５１頁参照）。また何人かの朝日航空部の社員が佐官待遇の嘱託となった（『現在窮乏将来有望』１８８頁参照）。これは徴用機による軍からの収益増につながっただけではない。戦況ニュース写真、記事、特派員の輸送、物資の搬送で他紙を圧っした。『満洲朝日新聞』計画の実現に原田専務が新京に飛んだ際には、自社機を使った（133頁）ように、幹部も上海を拠点とした大陸渡航、横断などに活用した。海軍は朝日による公用（軍用）、社用での使用の際の整備、燃料をすべて無料とし、海軍機との一体的運用を行なった（今西光男『占領期の朝日新聞と戦争責任』39―41頁）。海軍工作員であった児玉誉士夫は終戦時に上海で集めた膨大な財貨の日本への持ち帰りに朝日機を使用したと言われる（『日本の地下水脈』122―124頁参照）。これは朝日機の単なるビジネス的徴用であったかどうか。

村山社長による自社機によるぜいたく品のインドネシアからの密輸入（本書264頁）はこのような特権的環境であったからこそ可能であったのではないか。

支那事変や第二次大戦での新聞の戦争責任を論じるポイントは、軍部による報道への検閲、統制への服従やうその報道、プロパガンダの程度である。たしかに『社史』は「汚点」をかなり自己解剖、自己告白している。しかしこれは消極的行動に対する軽い自己責任に関するものである。積極的行為で重い責任を問われるべきは、国内での軍関係雑誌や書籍の発行、植民地や占領地でのプロパガンダ、宣撫のための新聞、雑誌、ビラの発行である。とくに南京事件の現場でも大量に配布された『新申報』の発行を引き受けた責任は大きい。さらに重い「大きな汚点」は、権力のファシズム的メディア統制に便乗し、大陸新報社の財団法人化、上海毎日新聞社の買収、中国新聞協会設立による中国新聞市場支配の野望とそのあくなき追求である。そうした行動は福家俊一の権力者への取り入りに比すべき朝日というメディアの権力への取入りの恥ずべき事例に他ならなかった。福家の取り入りは単純であったが、朝日のそれは高等的、知能的であった。かつて右翼から「国賊新聞」とののしられていたリベラリズムの伝統をかなぐり捨て、もっとも権力に歓迎される「国策新聞」に転換した点での読者への説明責任を果たさなければならない。しかも取入りや転換を隠すために、権力隠しと朝日隠しという二重のブラック・プロパガンダ装置が巧妙に仕組まれていた。とくに大陸新報社が次第に子会社化させられて行っただけに、朝日本体の責任は逃れられない。

『社史』はそれらの事実のごく一部分を初めて出した点では評価されよう。しかしその解明のための資料公開はまだまだ不十分であった。開戦からいまや七十年を経ようとしている。重役会議録、決算報告書、社報などの社内資料を全面公開したうえで、朝日自身による戦争責任論の展開を鶴首して待ちたい。

あとがき

　本書は『諸君！』２００４年11月号に掲載した同名のタイトルの論文に加筆したものである。その分量は当初に比べ優に10倍を超えたと思われるが、その骨格は変化していない。日本の最有力紙といわれる朝日新聞社の歴史的責任を『大陸新報』の分析を通じて行うという手法を貫いた。著者は『諸君！』論文の末尾に情報公開を朝日に求めた。

　朝日側からの直接的回答はすぐにはなかったが、２００６年の秋の頃であったか、朝日の「新聞と戦争」取材班の松本一弥デスクの来訪を受け、２００７年春から連載する「新聞と戦争」はあなたの情報公開要求への本紙の回答であると告げられた。朝日紙上で1年間も連載され、刊行された『新聞と戦争』（朝日新聞出版、２００８）や続篇の『新聞と「昭和」』（朝日新聞出版、２０１０）はいずれも従来にない情報公開の姿勢が現われてはいるが、本書の記述で直接引用できる箇所は残念ながら見られなかった。

朝日は頼むに足らずと、著者は雑誌掲載後も日本、中国、アメリカの資料館、図書館などで手あかのつかない関連資料の探索を継続した。その間に多くのアーキビストや図書館員などの協力を仰いだ。古書店やそのカタログからも資料の入手につとめた。同時に、著者は四十五年にわたって蓄積したジャーナリズム文献、資料群を読み直した。著者自身が編集責任を担った『メディアのなかの「帝国」』（岩波講座『「帝国」日本の学知』第4巻、2006）に載せた拙稿「日本軍のメディア戦術・戦略――中国戦線を中心に」はその中間成果で、主として本書の第三章で活用した。こうした新聞メディア史研究の一つの総決算が本書である。しかし社外の個人の力ではやはり限界がある。さらなる客観的な研究になるためにも、新聞社側の「包み隠さない」情報公開の姿勢と行動を待ちたいということばを前回同様繰り返さなければならない。

文藝春秋第三出版局長の細井秀雄氏は『諸君！』編集長として発表の場を七年前に提供されたが、今回も構成や表現などでの助言、資料探しに時間を割いていただいた。編集者ないし出版社を排除したデジタル出版が叫ばれる昨今であるが、編集者の存在意義を今回ほど感じたことはない。友人の原田健司氏は真夏の時期から資料探しに奔走してくれた。彼の新たな視角から入手できた資料が実証面で膨らみを生んだと思う。著者は関係者へのインタビューは苦手であるが、『大陸新報』関係の遺族、研究者へアプローチを行い、有益な証言を得た。早稲田大学政治経済学術院の自由な研究環境がこの研究を前進させてくれた。常に研究に刺激を与え続けていただいた早稲田大学20世紀メディア研究所の仲間や事務局塙ひろ子さんに感謝したい。今回も資料整理、パソコン入力などで妻加奈子の助力を得た。

２０１１年１月１日

山本武利

大陸新報年譜

年月日	大陸新報の動き	朝日のその他の動き
1939年（昭和14年）		
1月1日	創刊　取締役会長福家俊一、社長取締役　木下猛、取締役東京支店長　赤松直昌	
3日	大陸新報社、上海日報社共催カクテルパーティー　日本人倶楽部にて　波多博　前上海日報社長あいさつ	4日　近衛内閣辞職 5日　平沼内閣成立 25日　大朝創刊60年
2月		1日　日本軍、海南島に上陸
19日	最新型高速輪転機、大陸会館公開	
4月29日	「大陸新報」「新申報」合併	
5月27日	「武漢大陸新報」創刊	
6月10日	維新学院、「大陸新報」で日本語勉強	
7月		6日　東朝、聖戦美術展開催
7日	軍用機献納運動開始	
10日	汪精衛派「中華日報」復刊	
26日	「中華日報」、「新申報」の売り子、中国人から新聞強奪される	
8月14日	軍用機献納運動30万円突破	8月～大朝「興亜特集版」
25日	時局懇談会主催　大陸会館	

26日	「南京大陸新報」創刊	
9月26日	朝日特約電報掲載開始	
10月1日	木下社長辞意、福家社長に	
11日	広島師範、「新申報」を教材に	
26日	影佐禎昭から神尾茂に梅機関への参加要請	
12月19日	「週間評論」欄　新設	
1940年（昭和15年）		
1月1日	三大事業、大陸賞設定	1日　朝日、15段制実施
	「大陸年鑑」発行	
3月		27日　上野社長ら南京を慶祝飛行
30日	南京遷都祝典特集記事、広告特集	
4月9日	北京支局新設	
6月1日	15段制実施	
6月	辻政信が太田宇之助へ支那派遣軍顧問就任要請	
7月		17日　「申報」に爆弾、19名負傷
		22日　第二次近衛内閣
8月		26日　4本社制
9月		1日　朝日、第1面を広告面から記事面へ
		1日　題号を「朝日新聞」に統一
10月	「大陸週刊」欄新設	
2日	大上海放送局宣撫放送開始	

	中華日報社長宅に不発の手榴弾	
10日	国民新聞社に手榴弾	12日　大政翼賛会成立
22日	北京記者団中支視察	
11月8日	木村名人と福家社長対談（東京支社）	
10日	紀元2600年祭記念記事広告特集	
16日	評論陣を強化　谷川徹三ら4人特別寄稿者に	
12月10日	尾坂与市、副社長として入社	6日　情報局設立
1941年（昭和16年）		
1月11日	新聞紙等掲載制限令公布	27日　東亜部長中村桃太郎、徐州で死去
3月10日	福家社長南方視察へ	
4月		13日　日ソ中立条約に調印
17日	和平建国文献展覧会、「中華日報」らと共催	
6月		1日　朝日、減ページ
10日	超高速輪転機　1時間10万部印刷能力	
	通信網　東京支社～岳州支局	22日　独ソ戦始まる
7月3日	尾崎秀実「政界の運命と東亜」寄稿（逮捕10月15日）	
8日	国民新聞社テロ爆弾	18日　第3次近衛内閣成立
8月		15日　美土路昌一が編輯総長を辞任
9月2日	「大陸歌壇」選歌開始	
3日	日華和平宣伝連絡会議	

10月10日	新聞記者公会結成（国民政府宣伝部）	16日	第3次近衛内閣総辞職
22日～	福家社長退任　送別会　あいさつ	18日	東条内閣成立
	社告「財団法人大陸新報社」誕生		
29日	送別会（写真入り）		
12月		8日	太平洋戦争開戦

1942年（昭和17年）			
1月		2日	マニラ占領
2月11日	シンガポール陥落号外	15日	シンガポール占領
		16日	東朝、前線指導本部設置
3月		8日	ラングーン占領
4月17日	財団法人化　尾坂理事長就任紙上告知		
20日	福家俊一、翼賛選挙（第21回衆院選挙）に当選		
29日	「上海時報」、「新申報」に併合		
5月12日	大陸画廊開設		
21日	朝夕刊6頁建て（朝刊4頁、夕刊2頁）へ		
6月4日	国債消化強調週間　上海毎日新聞社と共催	5日	ミッドウェー海戦
8月		7日	ガダルカナル戦
12月		8日	ジャワ新聞創刊
		23日	大日本言論報国会設立

年	月日	事項	日	事項
1943年（昭和18年）	2月1日	上海毎日新聞社を統合 各社連合値上「謹告」		
	24日	満州、上海支局を総局へ		
	4月		18日	山本五十六大将戦死
	5月15日	North China Daily News社屋（大同大楼と改称）へ移転　朝日上海支局も移転		
	6月		1日	朝日、南方局新設
	10月3日	全国各地へ「戦う戦士」の報告　特派員	26日	中野正剛自刃
	11月15日	前社長福家俊一召集		
	12月		27日	緒方竹虎副社長に
和19）年	1月1日	本紙「東亜新報」と提携 四大事業、五周年記念、大陸賞、日華留学生の交換、華北華南に通信網拡大 出版局の設置		
	25日	大陸新報社、「徐州大陸新報」発行（東亜新報社発行「隴海東亜新報」を改題）		
	2月1日	夕刊廃止、16段制へ		
	3月		6日	朝日、夕刊廃止、朝刊4ページ
	5月		1日	朝日、16段制へ

1944（昭		
7月		7日 サイパン全滅 17日 東条内閣総辞職 22日 小磯国昭内閣成立 22日 緒方退社、小磯内閣に入閣〈国務相兼情報局総裁〉
8月29日	尾坂、太田宇之助へ新聞協会最高顧問就任を打診	
9月		24日 朝日、「香港日報」発行を引き受け
9月25日	中国新聞協会結成	
11月		1日 総合雑誌「大陸」創刊。各紙、毎日2ページ 10日 汪精衛死亡 14日 大東亜文学者大会宣言
12月26日	文化蹶起隊結成、隊長尾坂理事長	
1945年（昭和20年）		
1月1日	5周年記念事業発表	
1月14日	「大陸年鑑」1945年版発売	27日 朝日、東京本社空襲
2月1日	第6回大陸賞、自然科学研究所員速水頌一郎博士へ	
3月		9日 東京大空襲
4月		7日 鈴木貫太郎内閣成立
4月12日	現地戦場化応急対策基金を募集	
5月26日	上海戦時報道隊結成、本部長尾坂理事長	27日 東京五社共同新聞発行

	6月1日	週5日2頁に減頁	
	8月27日	編集局、工務局、大陸印刷所へ移転、総務局は残る	15日　終戦
	10月？日	廃刊	
	5日	「改造日報」創刊	

（注）朝日年表は朝日新聞社編刊『朝日新聞社史』資料編（1995年）を参照した。

大陸新報社日本人社員名簿・住所録（1944年6月現在）

所属	氏名	出身地	住所	電話番号
理事長	尾坂与市	福岡県	北蘇州路ブロードウェイマンション25号	40815
専務理事	赤松直昌	岡山県	同　1507号	46260
常務理事	森山喬	大分県	同　1105号	46260
主筆	児島　博	福岡県	崑山路山花園2号	
編集局兼華文局長	日高清磨瑳	宮崎県	施高塔路花園里9号	（呼）（02）62722
編集顧問	高橋正雄	宮城県	趙キ教路258リバティアパート15号	
同　嘱託	広瀬庫太郎	栃木県	巨福路176巨福公寓12号室	71821
同	増田米治	東京都	滬西武麦路福世花園8号	
編集局次長	窪田嘉計	東京都	社内	
編集部長	半澤正九郎	東京都	寶昌路68号	
編集部次長	前田嘉直	愛媛県	静安寺路864号306号室中尾方	37588
編集部	清水投鬼	栃木県	寶昌路50号	
同	小森慶三	栃木県	周家嘴路561号	
同	浅野千代彦	茨城県	周家嘴路561号	50935
同	片岡政司	熊本県	海寗路190号メンスハウス	
同	神崎考治	岩手県	ブロードウエイ多摩ホテル15号室	
同	酒見国雄	福岡県	武進路524号	44595

同	高木　真	熊本県	周家嘴路５６１号	
同	竹本　節	鳥取県	江灣路２５９号	
同	名和獻三	兵庫県	周家嘴路５６１号	５０９３５
同	中尾圭一郎	山口県	北四川路１９０号甲	
同	長尾　登	大分県	西華徳路寶華里１５７号	５１１３６
同	中村利男		公平路公平坊山海荘	５０８６４
同	山本　健	福島県	公平路公平坊14号	５０４２３
同	山崎宏壽	長野県	施高塔路大陸新邨4号高木方	
同	岩崎国雄	北海道	静安寺路ＹＭＣＡ８１８号	９２２５０
同	木野純明	岐阜県	寶昌路44号	
同	篠田政也	兵庫県	崇明路82号新上海ホテル５０３号館	４６２８６
同	三谷卯一郎	島根県	周家嘴路５６１号	５０９３５
同	栗之池　保	熊本県	北四川路永安里１１８号 陸軍報道部内	
同	女木　彰	東京都	北四川路大徳里恒安坊19号	
同	吉田謙太郎	香川県	公平路公平里62号	
同	横田文真	埼玉県	周家嘴路５６１号	５０９２５
校正課長	三浦　彰	大分県	閘北寶昌路46号	（呼）
華文局 編輯部長	假谷太郎	高知県	寶山路寶山里75号	（02）８４１７５

論説委員	古賀二男	佐賀県	北四川路永楽坊75号	
編輯部	池田克己	奈良県	寶山路寶山里71号	
業務局長	落合　實	群馬県	滬西惇信路171号	22930
販売部長	須藤正雄	福岡県	寶山路寶山里88号	
広告部長	坂戸勝巳	東京都	吟桂路栄華里12号	(02)82548
次長	吉田宗一	奈良県	清河路272号	(02)60812
同	柴田七右衛門	石川県	克明路存徳里4号	
会計部長	高柳昌之	長崎県	閘北寶山路寶山里100号	
庶務課長	米村英輔	熊本県	寶山路寶山里84号	
工務局活版部長	石井民吉	東京都	寶山路寶山里102号	(02)82603
工務局技術部長	仁木友行	大阪府	黄浦灘路17号	
工務局印刷部長	大橋繁三郎	大阪府	施高塔路56号	(02)62765
総務局厚生部長	永松　博	熊本県	施高塔路吉祥里11号	(02)62464
総務局監理部長	谷口　正	香川県	北四川路永安里190号甲	(02)84013

1、金風社版『支那在留邦人人名録・中支版』第34版　昭和19年2月〜6月調査による

2、編集部のみ全員の名前をあげたが、他の部門では幹部のみに限定。

2、南京、武漢、徐州支社、北京、東京、大阪などの支局の人員を除く総員146名を対象。

3、中国人・その他の外国人社員を除く。

石射猪太郎「上海ニ於ケル『ラジオ』ニ関スル調査報告ノ件」1933年2月28日
　アジア歴史資料センター C05023280000
小山栄三『大東亜戦争と中国民衆の動向』民族研究所　1943

G 雑

National Archives Microfilm Publication Pamphlet Describing M1750
Records of the Shanghai Municipal Police 1894–1949
Records of the Ceneral Intelligence Agency & Record Group 263

田辺聖子『女のとおせんぼ』文藝春秋、1987
支那問題辞典編輯部編『支那問題辞典』中央公論社　1942
藤原彰、功刀俊洋編『資料日本現代史』8　大月書店　1983
佐野眞一『阿片王　満州の夜と霧』新潮社　2005
『石川達三・火野葦平集　現代日本文学大系 75』筑摩書房　1972

武藤富男『私と満州国』文藝春秋　1988
山本武利『『宣撫月報』解説・総目次・索引　十五年戦争極秘資料集　補巻 25』
　不二出版　2006
山本武利「占領下 CIA 対日工作の協力者」『文藝春秋』2003年5月号

② 文学者・文化人
大橋毅彦「邦字新聞『大陸新報』瞥見」『昭和文学研究』1999年9月
大橋毅彦、趙夢雲、竹松良明、山崎真紀子、松本陽子、木田隆文『上海1944－1945——武田泰淳『上海の蛍』注釈』双文社出版　2008
堀田善衛『上海にて』筑摩書房　1969
堀田善衛『堀田善衛上海日記——滬上天下一九四五』集英社　2008
武田泰淳『上海の蛍』中央公論社　1976
櫻本富雄『日本文学報国会——大東亜戦争下の文学者たち』青木書店　1995
三神真彦『わがままいっぱい名取洋之助』筑摩書房　1988
内山完造『上海霖語』大日本雄弁会講談社　1942
横光利一『上海』福武書店　1983
小泉讓『魯迅と内山完造』講談社　1979
石山賢吉『上海紀行』ダイヤモンド社　1941

③ 教育、情報
大学史編纂委員会編『東亜同文書院大学史——創立80年記念誌』滬友会　1982
西所正道『「上海東亜同文書院」風雲録——日中共存を追い続けた5000人のエリートたち』角川書店　2001

④ その他
満鉄上海事務所訳『上海共同租界工部局年報』生活社　1940
内山完造『花甲録』岩波書店　1960
内山完造『そんへえ・おおへえ——上海生活35年』岩波書店　1949
和田博文ほか『言語都市・上海　1840－1945』藤原書店　1999
ハリエット・サージェント著　浅沼昭子訳『上海——魔都100年の興亡』新潮社　1996
日本上海史研究会編『上海人物誌』東方書店　1997
高綱博文『戦時上海——1937～45年』研文出版（山本書店出版部）　2005
高綱博文『「国際都市」上海のなかの日本人』研文出版（山本書店出版部）　2009
木之内誠編著『上海歴史ガイドブック』大修館書店　1999
陳祖恩『上海の日本文化地図』上海錦綉文章出版社　2010
ロバート・ビッカーズ著　本野英一訳『上海租界興亡史——イギリス人警察官が見た上海下層移民社会』昭和堂　2009
榎本泰子『上海——多国籍都市の百年　東洋のなかの西洋』中公新書　2009
日銀上海会『遥かなる上海』　1972
殿木圭一『上海』岩波新書　1942
NHKドユメント昭和“取材班”『ドキュメント昭和——世界への登場2　上海共同租界』角川書店　1986
大阪市立大学経済研究所編『世界の大都市2　上海』東京大学出版会　1986
高橋孝助・古廐忠夫編『上海史——巨大都市の形成と人々の営み』東方書店　1995

鈴木明『南京大虐殺のまぼろし』ワック株式会社　2006
フレデリック・ヴィンセント・ウイリアムズ著　田中秀雄訳『中国の戦争宣伝の内幕——日中戦争の真実』芙蓉書房出版　2009
蔡徳金編　村田忠禧ほか訳『周仏海日記 1937〜1945』みすず書房　1992
金雄白著　池田篤紀訳『同生共死の実態——汪兆銘の悲劇』 時事通信社　1960
小林英夫『日中戦争と汪兆銘』吉川弘文館　2003

④　軍人・戦史

山本武利『日本兵捕虜は何をしゃべったか』文春新書　2001
辻政信『潜行三千里』毎日ワンズ　2010
『宇垣一成日記』2、3　みすず書房　1970、1971
堀真清編『宇垣一成とその時代——大正・昭和前期の軍部・政党・官僚』早稲田大学現代政治経済研究所　1999
島田俊彦・稲葉正次編『現代史資料 8　日中戦争（一）』 みすず書房　1964
角田順編『現代史資料 10　日中戦争（三）』みすず書房　1963
臼井勝美編『現代史資料 13　日中戦争（五）』みすず書房　1966
下中弥三郎編『翼賛国民運動史』翼賛運動史刊行会　1954
樋口季一郎『アッツキスカ軍司令官の回想録』芙蓉書房出版　1971
上法快男『陸軍省軍務局』芙蓉書房出版　1979
秦郁彦編『日本陸海軍総合事典』第 2 版　東京大学出版会　2005

⑤　従軍

櫻本富雄『文化人たちの大東亜戦争——PK 部隊が行く』青木書店　1993
岸田國士『従軍五十日』創元社　1939
杉山平助『揚子江艦隊従軍記』第一出版社　1938
岡田酉次『日中戦争裏方記』東洋経済新報社　1974
草野心平『凹凸の道——対話による自伝』文化出版局　1978
小俣行男『戦場と記者——日華事変・太平洋戦争従軍記』冬樹社　1967
島崎蓊助『島崎蓊助自伝——父・藤村への抵抗と回帰』 平凡社　2002

⑥　和平

今井貞夫『幻の日中和平工作——軍人今井武夫の生涯』中央公論事業出版　2007
監修・高橋久志, 今井貞夫　今井武夫著『日中和平工作——回想と証言　1937〜1947』みすず書房　2009
編集委員会編刊『長江の流れと共に—上海満鉄回想録』 1980

F　上海

①　ジャーナリスト

羽根田市治『夜話上海戦記　昭和六〜二十年』論創社　1984
松本重治『上海時代　ジャーナリストの回想（上）（中）（下）』中公新書　1974〜1975
小森慶三「新聞」上海市政研究会編刊『上海の文化』1944

梅機関「丁黙邨側工作報告」1939年12月25日　前掲『日中戦争　対中国情報戦資料』第6巻　現代史料出版　2000
MIS, *Ume Kikan, Espionage Organization*, 1944.10.16, RG319 Box1793
OSS, Kunming; *Ume Kikan-Japanese Super Spy Organization*, 1944. 4. 10、RG226 Entry173 Box10
全国憲友会連合会編纂委員会『日本憲兵正史』全国憲友会連合会本部　1976
全国憲友会連合会編纂委員会『日本憲兵外史』全国憲友会連合会本部　1983
塚本誠『或る情報将校の記録』中央公論事業出版　1971
人間・影佐禎昭出版世話人会『人間影佐禎昭』1980
防衛研究所図書館所蔵軍事史学会編『機密戦争日記（上）（下）』全二巻　大本営陸軍部戦争指導班　軍事史学会（代表者　伊藤隆）錦正社　1998
編集・解説　粟屋健太郎・茶谷誠一『日中戦争　対中国情報戦資料』第6巻　昭和15年　現代史料出版　2000
山本武利編『第2次世界大戦期　日本の諜報機関分析』第4巻　中国編1　柏書房　2000
土肥原賢二刊行会編『秘録　土肥原賢二――日中友好の捨石』芙蓉書房　1972
今井武夫『昭和の謀略』原書房　1967
佐野眞一『甘粕正彦　乱心の曠野』新潮社　2008
太田尚樹『満州裏史――甘粕正彦と岸信介が背負ったもの』講談社　2005
犬養健『揚子江は今も流れている』文藝春秋新社　1960
晴気慶胤『謀略の上海』亜東書房　1951
粟屋憲太郎他編　『東京裁判資料・田中隆吉尋問調書』大月書店　1994
杉田一次『情報なき戦争指導――大本営情報参謀の回想』原書房　1987
伊佐秀雄「日支宣伝線」『宣撫月報』1938年9月号
青江舜二郎『大日本軍宣撫官』芙蓉書房出版　1970
熱河省長官房「熱河省宣伝宣撫計画」『宣撫月報』1938年12月号
高橋源一「弘報行政編――満州国弘報行政を中心に」『宣撫月報』1938年9月号
金子政吉「農村宣撫の実際」『宣撫月報』1939年3月号
長野朗『遊撃隊・遊撃戦研究』坂上書院　1941
山本武利編訳、高杉忠明訳『延安リポート――アメリカ戦時情報局の対日軍事工作』岩波書店、2006
防衛庁防衛研究所『戦史叢書北支の治安戦（1）』朝雲新聞社 1968
防衛庁防衛研究所『戦史叢書北支の治安戦（2）』朝雲新聞社 1971

③　南京・汪精衛

南京事件調査研究会編訳『南京事件資料集』青木書店　1992
東中野修道、小林進、福永慎次郎『南京事件「証拠写真」を検証する』草思社　2005
北村稔『「南京事件」の探究――その実像をもとめて』文春新書　2001
東中野修道『南京事件――国民党極秘文書から読み解く』草思社　2006
The RAPE of the Forgotten Holocaust of World War II Nanking, IRIS CHANG 1937

E　軍事史

①　報道・宣伝

山本武利編『メディアの中の「帝国」』岩波講座『「帝国」日本の学知』第4巻　2006

山本武利「日本における初期プロパガンダ研究――操縦と善導」『広報研究』第4号　2000

『宣撫月報』（十五年戦争極秘資料集、補巻25）不二出版、2006年の別冊所収の山本武利「解説」参照

中支軍参謀部「宣伝組織強化拡充大綱」1939年8月8日『日中戦争　対中国情報戦資料』第3巻　現代史料出版　2000

支那派遣軍報道部「中支ニ於ケル報道宣伝業務ノ概況」1939年10月20日前掲『日中戦争　対中国情報戦資料』第3巻　現代史料出版　2000

西岡香織『報道戦線から見た「日中戦争」――陸軍報道部長馬淵逸雄の足跡』芙蓉書房出版　1999

馬淵逸雄『報道戦線』改造社　1941

『紙弾――昭和十八年六月』支那派遣軍報道部編刊　1943

『思想戦展覧会記録図鑑』 内閣情報部　1938

『支那事変実記』第2輯・第4輯　読売新聞社編輯局編　非凡閣　1937

大谷正『近代日本の対外宣伝』研文出版　1994

日高昇「対外宣伝に対する一つの主張――故古城胤秀少将の霊に捧ぐ」『宣撫月報』1938年12月号

同盟通信社調査部『国際宣伝戦』高山書院　1940

井上祐子『戦時グラフ雑誌の宣伝戦――十五年戦争下の「日本」イメージ』青弓社　2009

中野実『香港』蒼生社　1941（ゆまに書房復刻版、『文化人の見た近代アジア』12　2002所収）

『日本侵華大写真』汕頭大学出版社　1997

支那派遣軍報道部編刊『支那事変と放送』（宣伝教育資料　其3）　1940

中山龍次『戦ふ電波』科学新興社　1943

Investigation Report of Chisolm#12, アメリカ国立公文書館所蔵　RG226 Entry182A Box16F121

国民党政府「国際宣伝経費」1928-1937　国民政府令第210号　中国歴史第二档案館所蔵

山本武利「活用すべきアメリカの日本ラジオ活動の傍受記録――第二次大戦期の東アジア・ラジオ関係基礎資料」『アジア遊学』54号　2003年8月号

②　謀略機関・憲兵

American Embassy, Office of the Naval; *Attache Chungking, China Interrogation of Japanese Naval Prisoner of War, Captain OKINO Matao, by British*, 1944. 10. 19, RG38 Oriental Box 8

Army Staff, *Report on the Ume Kikan*, 1947, RG319 Box1793

内川芳美『マス・メディア法政策史研究』有斐閣　1989
山本武利『新聞記者の誕生』新曜社　1990

②　通信史

『共同通信社50年史』共同通信社　1996
古野伊之助『岩永裕吉君』岩永裕吉君伝記編纂委員会　1941
佐々木健児追想録刊行会『佐々木健児』佐々木健児追想録刊行会　1982
刊行委員会編『追想松本重治』国際文化会館　1990
松本重治『〈聞書〉わが心の自叙伝』講談社　1992
開米淳『松本重治伝――最後のリベラリスト』藤原書店　2009
『古野伊之助』伝記編集委員会編刊、1970
『通信社史』通信社刊行会　1958
松本重治編『松方三郎』 共同通信社　1974
里見脩『ニュース・エージェンシー――同盟通信社の興亡』中央公論新社　2000
丸山昇『ある中国特派員』中公新書　1976

③　広告史

船越健之輔『われ広告の鬼とならん――電通を世界企業にした男・吉田秀雄の生涯』ポプラ社　2004
田原総一朗『電通』朝日新聞社　1981
永井龍男『この人吉田秀雄』電通　1971
片柳忠男『広告の中に生きる男―吉田秀雄伝』オリオン社出版部　1959
森山喬『貴語聴問』電通恒産出版　1971
山本武利編集『広告年鑑』 昭和16年～昭和18年版　萬年社創刊　御茶の水書房　1985年復刻

D　中国メディア史

中下正治『新聞にみる日中関係史―中国の日本人経営史』研文出版　1996
李相哲『満洲における日本人経営新聞の歴史』凱風社　2000
馬光仁編集代表『上海新聞史（1850―1949）』復旦大学出版社、1996
「華北新聞協会」『新聞総覧』1943年版
陳祖恩著　監訳・大里浩秋ほか『上海に生きた日本人――幕末から敗戦まで』大修館書店　2010
劉傑『漢奸裁判――対日協力者を襲った運命』中央公論新社　2000
益井康一『漢奸裁判史1946-1948』（新版）みすず書房　2009
卓南生『東アジアジャーナリズム論――官版漢字新聞から戦時中傀儡政権の新聞統制、現代まで』彩流社　2010
晏妮『戦時日中映画交渉史』 岩波書店　2010
辻久一『中華電影史話――一兵卒の日中映画回想記』1939－1945　凱風社　1987
ジョン・B・パウエル、中山理訳『「在支二十五年」米国人記者が見た戦前のシナと日本』上、下巻、祥伝社　2008

ロール・ハイン、大島かおり訳『理性ある人びと　力ある言葉―大内兵衛グループの思想と行動』岩波書店　2007
飯守勘一「上海邦字新聞の性格と中国新聞政策」『新聞総覧』 1942年版
『毎日新聞』西部版2005年8月21日付「還暦の戦後・上海毎日新聞社・下」
姜鵬「汪兆銘政権時代の中国新聞協会」『Intelligence 』第5号　2004
「中国新聞協会準備委員会議記録」（米公文書館 RG226 Entry140 Box58 Folder469）
OSS China Theater X-2, *Puppet Sponsored Chinese Newspaper Guild*, 1946. 1. 4（米公文書館 RG226 Entry182 Box9 Folder60）
東亜会編『東亜新報おぼえがき　戦中・華北の新聞記者の記録』 1984
吉本貞一「大陸新報補助金ニ関スル件」1939年3月19日付け、アジア歴史資料センター C04120819900
陸軍省情報部「上海ニ新ニ邦字新聞ヲ設立スル件」1938年11月3日 C0412067500
浅野千代彦「辻参謀と尾坂与市社長」新潮45＋編集部編『子供たちに残す戦争体験』新潮社　1984
前芝確三・奈良本辰也『体験的昭和史』雄渾社　1968

C　日本メディア史

①　新聞史

山本武利『近代日本の新聞読者層』法政大学出版局　1981
前坂俊之『太平洋戦争と新聞』講談社　2007
南條岳彦『一九四五年マニラ新聞――ある毎日新聞記者の終章』草思社　1995
小柳次一・石川保昌『従軍カメラマンの戦争』新潮社　1993
浅野健一『天皇の記者たち――大新聞のアジア侵略』スリーエーネットワーク　1997
小笠原長生『忠烈爆弾三勇士』実業之日本社　1932
栗原白嶺『護国之神　肉弾三勇士』護国団　1932
『新聞総覧』第31巻（昭和14年）～第35巻（昭和18年）日本電報通信社　1939
『日本新聞年鑑』 昭和14年版～昭和16年版　日本図書センター　1986
『現代新聞批判』（業界紙）不二出版　1995年複刻
『新聞之新聞』（業界紙） 1938～1939
雑誌『新聞と社会』（業界誌］ 1939年1月～1940年9月
永代静雄編集『昭和新聞名家録』新聞研究所　1930
『毎日新聞西部本社五十年史』毎日新聞社　1973
田中香苗回顧録刊行会編刊『回顧　田中香苗』1987
水島治男『改造社の時代――戦中編　日支事変より横浜事件まで』図書出版社　1976
『五十人の新聞人』電通　1955
岡田典一『公職追放令の逐條解説』 新世界文化社　1949
澤田和一『新聞人国記』新聞内外社　1938
平田外喜二郎『戦時新聞読本』大阪毎日新聞社、東京日日新聞社、1940
式正次『新聞活殺剣　第三編　愚鰐生』精華書房　1939年12月

⑤　その他

安田将三、石橋孝太郎『朝日新聞の戦争責任——東スポもびっくり！の戦争記事を徹底検証』太田出版　1995
早瀬貫『太平洋戦争と朝日新聞——戦争ジャーナリズムの研究』新人物往来社　2001
森秀樹編著『朝日新聞と東亜の人びと』スバルインターナショナル　1988

B　大陸新報

『大陸新報』本紙　1939〜1944　上海図書館
〃　マイクロ版　1939〜1945　国立国会図書館
〃　〃　1939〜1945　ゆまに書房
大陸新報社編刊『大陸年鑑』 1940〜1944
伊佐秀雄『世紀の人々』育成社　1941
山田竹系『ひげの代議士二等兵』大泉書店　1972
福家俊一銅像建立発起人会編刊「福家俊一」 1989
陸軍省情報部「上海ニ新ニ邦字新聞ヲ設立スル件」昭和13年11月3日
粟屋憲太郎、茶谷誠一編『日中戦争　対中国情報戦資料』第2巻　現代史料出版　2000
大陸新報社編刊『大陸新報社概況』 1941
戸叶武遺稿集刊行会編刊『政治は足跡をもって描く芸術である』 1988
刊行会編『戸叶里子』 1972
しょうぶ会、晃陵舎の会編刊『限りなき想い出——戸叶武一周忌、戸叶里子十三回忌記念』 1983
小堺昭三『ごじゃな奴（望星編、怒流編）上下』光文社　1975
小堺昭三『破天荒一代』（上）ごじゃな奴・望星編（下）ごじゃな奴・怒流編　角川文庫　1981
岩川隆『日本の地下人脈——戦後をつくった陰の男たち』祥伝社　2007
小林春雄、原園光憲『妖怪の系譜——小林春男の手記』人間の科学社　1984
桐島洋子『わたしが家族について語るなら』 ポプラ社　2010
鈴木善一『これからの日本—風雲の五十年』講談社サービスセンター　1973
編纂委員会編『大東塾三十年史』大東塾出版部　1972
増田米治『支那戦争経済の研究』ダイヤモンド社　1944
内藤国夫『美濃部都政の素顔』講談社　1975
美濃部亮吉『都知事12年』朝日新聞社　1979
「在中華左翼転向者略名簿」1944年6月30日　アジア歴史資料センター　A06030040200
内仲英輔、坂東愛彦「美濃部都政——その到達点と限界」朝日新聞社調査研究室（社内報告179）朝日新聞社　1979
本田靖春「東京のラスプーチン・小森武」『文藝春秋』1975年6月号
高橋正雄『八方破れ・私の社会主義』ティビーエス・ブリタニカ　1980
高橋正雄先生米寿記念刊行会編『二十世紀の群像——高橋正雄の証言』第一書林　1989

今西光男『新聞資本と経営の昭和史――朝日新聞筆政・緒方竹虎の苦悩』朝日新聞社　2007
今西光男『占領期の朝日新聞と戦争責任――村山長挙と緒方竹虎』朝日新聞社　2008
伝記刊行会編「緒方竹虎伝記補纂資料目録」国立国会図書館憲法資料室所蔵

③　美土路昌一

美土路昌一『余の歩んだ道を思ひ出すまゝに』 1971
美土路昌一編著『明治大正史　第1巻　言論篇』朝日新聞社　1930
早房長治『現在窮乏、将来有望――評伝全日空を創った男美土路昌一』プレジデント社　2009

④　朝日関係者

三角寛『三角寛サンカ選集』第1巻　現代書館　2000
橋本登美三郎『私の履歴書――激動の歩み』永田書房　1976
門田勲『新聞記者』筑摩書房　1963
太田宇之助『生涯――新聞人の歩んだ道』行政問題研究所出版局　1981
『太田宇之助日記』――1（昭和15年1月）～9（昭和20年12月）横浜開港資料館紀要第20号（2002年）～第28号（2010年）
尾崎秀樹編『回想の尾崎秀実』勁草書房　1979
森恭三『私の朝日新聞社史』田畑書店　1969
刊行事務局『追想　森恭三記者』朝日新聞社　1988
笠信太郎『新聞人として・身辺雑記』朝日新聞社　1969
朝日新聞東京社会部OB会『朝日新聞社会部記者の回想』講談社　1986
朝日新聞東京社会部OB会『戦争と社会部記者』騒人社　1990
野村秀雄伝記刊行会『野村秀雄』 1967
北野吉内追悼録刊行会編刊『新聞人・北野吉内』1959
和田斉『この途をゆく』中央公論事業出版　1982
細川隆元『実録朝日新聞』中央公論社　1958
河合勇『小説朝日人』八木書店　1968
岡崎俊夫文集刊行会編『天上人間――岡崎俊夫文集』河出書房新社　1961
小笠原信之『ペンの自由を貫いて――伝説の記者・須田禎一』緑風出版　2009
須田禎一『ペンの自由を支えるために――若いジャーナリストの提言』評論社　1971
須田禎一『独絃のペン・交響のペン――ジャーナリスト30年』勁草書房　1969
『須田禎一・人と思想（月刊たいまつ臨時増刊号）』たいまつ社　1974
田村真作『繆斌工作』三栄出版社　1953
神尾茂『香港日記』自家蔵版　1957
甲斐静馬『上海通信』月曜書房　1946
甲斐静馬『わが道を行く――私の人生八十年』私家版　1994

主要参考文献

A　朝日新聞

①　社史関係

朝日新聞社「編輯会議録」 1943年～1944年　東洋大学千葉文庫所蔵
〃　　「業務会議記録」 1943～1944年　東洋大学千葉文庫所蔵
〃　　「編輯総局報告事項」1944年　東洋大学千葉文庫所蔵
『朝日社報』1940～44
朝日新聞社編刊『朝日新聞出版局50年史』1989
朝日新聞「新聞と戦争」取材班『新聞と戦争』朝日新聞出版　2008
朝日新聞「検証・昭和報道」取材班『新聞と「昭和」』朝日新聞出版　2010
朝日新聞百年史編修委員会『朝日新聞社史』大正・昭和戦前編　朝日新聞社 1991
朝日新聞百年史編修委員会『朝日新聞社史』昭和戦後編　朝日新聞社　1994
朝日新聞百年史編修委員会『朝日新聞社史』資料編　朝日新聞社　1995
『社員名簿（大阪朝日新聞社、東京朝日新聞社）』 1938～1939
『社員名簿（東京朝日新聞社）』 1944
『社員名簿（東京朝日新聞社）』 1944
朝日新聞社史編修室『朝日新聞編年史（昭和12年）（上）（下）』 1971
朝日新聞社史編修室『朝日新聞編年史（昭和17年）』 1969
朝日新聞社史編修室『本社の南方諸新聞経営（新聞非常措置と協力紙）』 1970
朝日新聞社史編修室『戦時の新聞統制と本社（上巻）（下巻）』 1972
大阪本社販売百年史編集委員会『朝日新聞販売百年史―大阪編―』朝日新聞大阪本社　1979
朝日新聞西部本社五十年史編修委員会編刊『朝日新聞西部本社五十年史』 1985
朝日新聞社中央調査会編『朝日東亜年報　昭和18年　第一輯　世界戦局の展望』 朝日新聞社　1943
『朝日新聞社社員写真帳　大阪朝日新聞創刊60周年記念』朝日新聞社　1939
『社員写真帳』朝日新聞社　1944
朝日新聞社「朝日新聞調査表」1948年4月15日、RG331 BOX8602 Folder25
細川隆元『朝日新聞外史――騒動の内幕』秋田書店　1965

②　緒方竹虎

嘉治隆一『緒方竹虎』時事通信社　1962
緒方四十郎『遥かなる昭和――父・緒方竹虎と私』朝日新聞社　2005
緒方竹虎『人間中野正剛』鱒書房　1951
栗田直樹『緒方竹虎』吉川弘文館　2001
栗田直樹『緒方竹虎――情報組織の主宰者』吉川弘文館　1996
緒方竹虎伝記刊行会編『緒方竹虎』 朝日新聞社　1963
三好徹『評伝　緒方竹虎――激動の昭和を生きた保守政治家』岩波書店　1988
高宮太平『人間緒方竹虎』原書房　1979

ち

つ

て

と

し

す

せ

そ

た

く

こ

さ

か

き

人名索引

装丁　関口信介

山本武利（やまもと　たけとし）

1940年、愛媛県生まれ、一橋大学大学院社会学研究科博士課程修了。博士（社会学）。現在早稲田大学政治経済学術院教授。早稲田大学20世紀メディア研究所所長。一橋大学名誉教授。マスコミ史、情報史専攻。主な著書に『近代日本の新聞読者層』『広告の社会史』『占領期メディア分析』（以上法政大学出版局）、『ブラック・プロパガンダ』（岩波書店）、『日本兵捕虜は何をしゃべったか』（文春新書）などがある。

朝日《あさひ》新聞《しんぶん》の中国《ちゅうごく》侵略《しんりゃく》

２０１１年２月２５日　第１刷発行

著　者　山本武利《やまもとたけとし》

発行者　細井秀雄

発行所　株式会社　文藝春秋
〒102-8008　東京都千代田区紀尾井町3-23
電話　03-3265-1211（代表）

印刷所　理想社（本文）
大日本印刷（付物）

製本所　大口製本

万一、落丁・乱丁の場合は送料当方負担でお取替えいたします。
小社製作部宛にお送りください。定価はカバーに表示してあります。
Printed in JAPAN
　ISBN 978-4-16-373730-0

龍馬史

磯田道史

幕末史最大の謎、龍馬暗殺—誰がなぜこの事件を起こしたのか。諸説を論破し、証言と資料を駆使して暗殺の黒幕に迫った龍馬本の決定版

文藝春秋の本

山本五十六の乾坤一擲

鳥居 民

真珠湾攻撃の八日前、山本五十六は「日米戦うべからず」の大バクチを打っていた。五十六の愛国と勇気の全貌が初めて明らかになる！

君よ　わが妻よ

父　石田光治少尉の手紙

石原典子

若き妻とまだ見ぬ娘へ、戦場から書き綴った手紙の束。その中には精一杯に生きて戦死した普通の日本人の真実の言葉が詰まっていた

文藝春秋の本